The Tang Dynasty:
The Golden Age

The Tang Dynasty:
The Golden Age

Dynasties of Ancient China,
Book 3

In Easy Chinese, Pinyin and English

by Lawrence Wang

Written by Lawrence Wang
Edited by Jeff Pepper
Cover artwork by NextMars, Liuyang, China

ISBN: 978-1959043959
Version 2.0

Acknowledgements

Many thanks to the team at Next Mars for their beautiful cover artwork, and Jia Mei Beh and Arnaud Ysmal for their careful proofreading.

Map of China During the Tang Dynasty

(circa 700 AD)

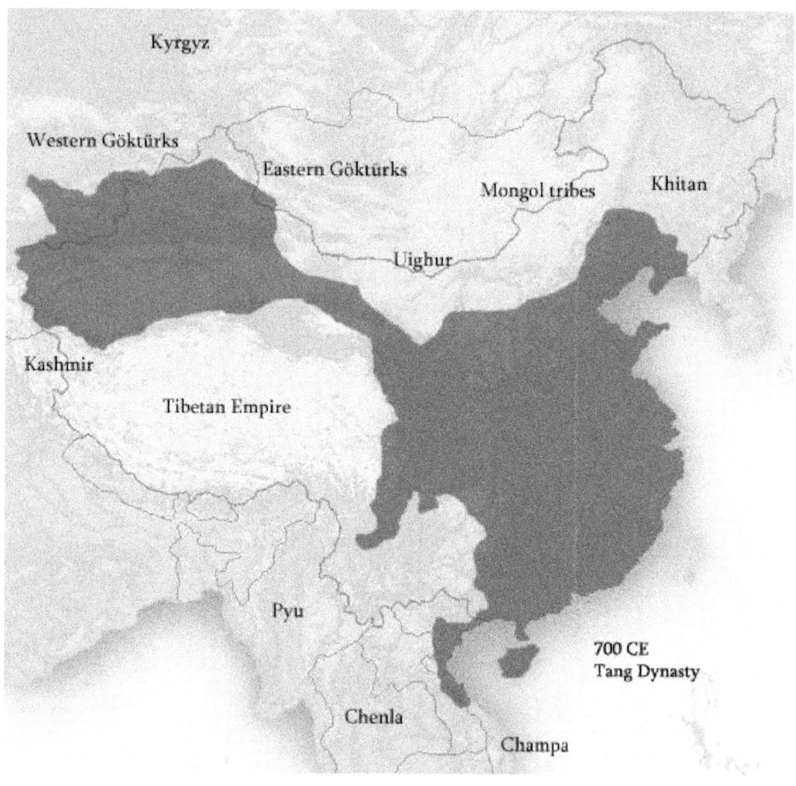

Contents

唐朝：黄金时代

Tángcháo:
Huángjīn Shídài

The Tang Dynasty:
The Golden Age

Dì Yī Zhāng:

Wángcháo Zhīqián

Zài Suícháo de zuìhòu jǐ nián, Zhōngguó shì yí gè dàochù dōu shì hàipà hé shēngqì de dìfang. Kànqilai tā shì yí gè guójiā, dàn zài rénmen de xīn lǐ, tā shì fēnkāi de. Suí Yángdì zuò zài guójiā de zhōngxīn, xiàng yuǎnfāng de guānyuán fāsòng mìnglìng. Kànqilai Zhōngguó shì tǒngyī de. Dàn zài rìcháng shēnghuó zhōng, hěn duō dìfang yǐjīng bú zài tīng huángdì de huà le. Běifāng de shìbīng hé nánfāng de nóngmín kàndào, huánggōng gèng guānxīn hóngdà de jiànzhù, ér bú shì tāmen de shēnghuó.

Suícháo jiéshù le duō nián de hùnluàn. Zài Suícháo zhīqián, bùtóng de tǒngzhìzhě kòngzhì zhe bùtóng de dìfang, zhànzhēng fēicháng pǔbiàn. Suícháo dǎbài le zhèxiē duìshǒu, ràng Zhōng

第一章：
王朝之前

在<u>隋朝</u>的最后几年，<u>中国</u>是一个到处都是害怕和生气的地方。看起来它是一个国家，但在人们的心里，它是分开的。<u>隋炀帝</u>坐在国家的中心，向远方的官员发送命令。看起来<u>中国</u>是统一的。但在日常生活中，很多地方已经不再听皇帝的话了。北方的士兵和南方的农民看到，皇宫更关心宏大的建筑，而不是他们的生活。

<u>隋朝</u>结束了多年的混乱。在<u>隋朝</u>之前，不同的统治者控制着不同的地方，战争非常普遍。<u>隋朝</u>打败了这些对手，让<u>中</u>

guó biànchéng le yí gè guójiā. Qǐchū, xǔduō chéngzhèn de rénmen xiāngxìn shēnghuó huì biàn de gèng hǎo. Dàolù dédào le xiūlǐ, gèdì de fǎlǜ yě biàn de xiāngtóng. Guānyuánmen bèi pàiwǎng chéngzhèn hé cūnzhuāng yǐ wéichí zhìxù. Nóngmínmen zhōngyú kěyǐ píng'ān de zhòng liángshi le. Dàn zhè zhǒng hépíng bìng méiyǒu chíxù duōjiǔ, yīnwèi huángdì xiǎng tóngshí zuò tài duō de shìqing.

Suí Yángdì xiāngxìn, dàxíng gōngchéng néng ràng guójiā kànqilai wěidà. Tā xiǎng xiàng shìjiè zhǎnshì Zhōngguó shì fùyǒu qiě yǒu lìliàng de. Tā mìnglìng jǐ bǎi wàn rén xiūjiàn yì tiáo chángcháng de yùnhé. Zhè tiáo yùnhé liánjiē le Zhōngguó de běifāng hé nánfāng. Zhè shì yì tiáo yóu rénlì kāizáo de, cháng de shuǐlù. Tā duì jiāng dàmǐ hé huòwù cóng wēnnuǎn de nánfāng yùnwǎng hánlěng de běifāng yǒuyòng, dàn jiànzào tā de dàijià shì chénzhòng de. Duìyú xiūjiàn tā de rén lái shuō, zhè shì yí

国变成了一个国家。起初，许多城镇的
人们相信生活会变得更好。道路得到了
修理，各地的法律也变得相同。官员们
被派往城镇和村庄以维持秩序。农民们
终于可以平安地种粮食了。但这种和平
并没有持续多久，因为皇帝想同时做太
多的事情。

隋炀帝相信，大型工程能让国家看起来
伟大。他想向世界展示中国是富有且有
力量的。他命令几百万人修建一条长长
的运河。这条运河连接了中国的北方和
南方。这是一条由人力开凿的、长的水
路。它对将大米和货物从温暖的南方运
往寒冷的北方有用，但建造它的代价是
沉重的。对于修建它的人来说，这是一

duàn tòngkǔ hé sǐwáng de shíguāng.

Nánrén hé nǚrén bùdébù líkāi nóngtián qù xiūjiàn yùnhé. Tāmen gōngzuò le hěn duō gè yuè dōu méiyǒu huíjiā. Tāmen zài dōngtiān de lěngyǔ hé xiàtiān de lièrì xià gōngzuò. Hěn duō rén yīnwèi píláo hé jī'è ér shēngbìng. Rúguǒ tāmen tíngzhǐ gōngzuò, dāngbīng de rén huì hěn huài. Xǔduō rén sǐ zài tāmen wājué de shuǐbiān. Yīnwèi nóngmín líkāi le, nóngtián dōu huāngfèi le. Zài hěn duō cūnzi lǐ, háizi hé lǎorén méi dōngxi chī. Tāmen duì huángdì gǎndào shēngqì. Tāmen kàndào huángdì de xīn shuǐlù shì jiànlì zài tāmen jiārén de shēngmìng zhī shàng de.

Yǔ cǐ tóngshí, Suí Yángdì kāishǐ le hěn duō zhànzhēng. Tā xiǎng zài dōngbiān hé běibiān zhànlǐng gèng duō de tǔdì. Tā pài jūnduì qù hěn yuǎn de dìfang dǎzhàng. Zhèxiē zhànzhēng huā le

段痛苦和死亡的时光。

男人和女人不得不离开农田去修建运河。他们工作了很多个月都没有回家。他们在冬天的冷雨和夏天的烈日下工作。很多人因为疲劳和饥饿而生病。如果他们停止工作，当兵的人会很坏。许多人死在他们挖掘的水边。因为农民离开了，农田都荒废了。在很多村子里，孩子和老人没东西吃。他们对皇帝感到生气。他们看到皇帝的新水路是建立在他们家人的生命之上的。

与此同时，<u>隋炀帝</u>开始了很多战争。他想在东边和北边占领更多的土地。他派军队去很远的地方打仗。这些战争花了

hěn duō qián hé dōngxi. Wèi le zhīfù zhèxiē fèiyòng,
zhèngfǔ xiàng rénmín yào gèng duō de shuì. Xǔduō
niánqīngrén bèi pài qù dǎzhàng, zài yě méiyǒu
huíjiā. Rénmen kāishǐ shuō huángdì zǒucuò le lù.
Tāmen juéde tā shì yí gè zhǐ guānxīn zìjǐ miànzi, ér
bù guānxīn cūnzhuāng lǐ jī'è wèntí de lǐngdǎozhě.

Zài běifāng, yìxiē jūnshì zhòngzhèn chéng le
guānchá hé děngdài de dìfang. Zhèxiē chéngzhèn
kàojìn biānjìng. Nàlǐ de shìbīng hěn qiángzhuàng,
dàn tāmen bìng bù kāixīn. Tāmen měitiān liànxí, què
kàndào guójiā zhèngzài biàn huài. Zhǐhuīguānmen
tīngdào le nánfāng fǎnkàng de xiāoxi. Tāmen
kàndào yònglái yùnsòng shíwù de dàolù huài diào
le. Yìxiē lǐngdǎozhě yīnwèi hàipà réngrán tīngcóng
Suícháo, ér lìng yìxiē rén zé kāishǐ sīkǎo Zhōngguó
xīn de wèilái. Tāmen yìshí dào, rúguǒ rénmín
méiyǒu xīwàng, guójiā jiù wúfǎ bǎochí tǒng

很多钱和东西。为了支付这些费用，政府向人民要更多的税。许多年轻人被派去打仗，再也没有回家。人们开始说皇帝走错了路。他们觉得他是一个只关心自己面子，而不关心村庄里饥饿问题的领导者。

在北方，一些军事重镇成了观察和等待的地方。这些城镇靠近边境。那里的士兵很强壮，但他们并不开心。他们每天练习，却看到国家正在变坏。指挥官们听到了南方反抗的消息。他们看到用来运送食物的道路坏掉了。一些领导者因为害怕仍然听从<u>隋朝</u>，而另一些人则开始思考<u>中国</u>新的未来。他们意识到，如果人民没有希望，国家就无法保持统

yī.

Zhèxiē lǐngdǎozhě zhōng yǒu yí wèi jiào Lǐ Yuān. Tā láizì yí gè yǒu quánshì de jiātíng, zài běifāng zhǐhuī xǔduō jūnduì. Tā shì yí wèi jīngyàn fēngfù de guānyuán, zhīdào rúhé lǐngdǎo bùxià. Hé qítā zhǐhuīguān yíyàng, tā zǐxì de guānchá zhe júshì. Tā zhù zài yí gè jiào Tàiyuán de chéngshì. Zài nàlǐ, tā kàndào cháotíng shīqù le kòngzhì, fǎnkàng měitiān dōu zài biàn de gèng qiáng. Tā méiyǒu mǎshàng xíngdòng. Tā shì yí gè xiǎoxīn de rén, xiǎng yào quèbǎo shíjī chéngshú, ránhòu cái qù màozhe quánjiārén de shēngmìng wēixiǎn xíngdòng.

Lǐ Yuān de érzi Lǐ Shìmín niánqīng, yǒnggǎn, érqiě cōngming. Tā kàndào le guójiā de hùnluàn, měitiān dōu hé fùqīn tánhuà. Tā gàosu fùqīn: "Suícháo huángdì jiù xiàng

一。

这些领导者中有一位叫<u>李渊</u>。他来自一个有权势的家庭，在北方指挥许多军队。他是一位经验丰富的官员，知道如何领导部下。和其他指挥官一样，他仔细地观察着局势。他住在一个叫<u>太原</u>的城市。在那里，他看到朝廷失去了控制，反抗每天都在变得更强。他没有马上行动。他是一个小心的人，想要确保时机成熟，然后才去冒着全家人的生命危险行动。

<u>李渊</u>的儿子<u>李世民</u>年轻、勇敢，而且聪明。他看到了国家的混乱，每天都和父亲谈话。他告诉父亲："<u>隋朝</u>皇帝就像

yí zuò yào dǎoxià de fángzi. Rúguǒ wǒmen liú zài lǐmiàn, wǒmen yě huì yìqǐ dǎoxià. Wǒmen bìxū wèi rénmín jiànlì yí gè xīn de, ānquán de jiā." Lǐ Yuān tīng le érzi de huà. Tā kànzhe tā de shìbīng, yě kànzhe jī'è de rénmín. Tā zhīdào jiànlì yí gè xīn wángcháo shì yí jiàn wēixiǎn de shìqing, dàn tā yě zhīdào Zhōngguó bù néng zài zhèyàng xiàqù le.

Zài Suícháo de zuìhòu jǐ nián, qíngkuàng biàn de gèng zāo le. Xǔduō rén xīwàng yǒu yí wèi néng dàilái hépíng de xīn lǐngdǎozhě. Tāmen xiǎng yào yí wèi néng ràng tāmen huí dào nóngtián hé jiātíng de lǐngdǎozhě. Jiù de wángcháo hái zài, dàn tā jiù xiàng yì kē méiyǒu gēn de lǎo shù. Měi gè rén dōu zài děngdài yì chǎng dàfēng bǎ tā chuīdǎo, zhèyàng xīn de dōngxi cái néng shēngzhǎng chūlái. Rénmen yǐjīng duì jiù de guīzé gǎndào yànjuàn, bìng wèi xīn de kāishǐ zuò hǎo le zhǔnbèi.

一座要倒下的房子。如果我们留在里面，我们也会一起倒下。我们必须为人民建立一个新的、安全的家。"李渊听了儿子的话。他看着他的士兵，也看着饥饿的人民。他知道建立一个新王朝是一件危险的事情，但他也知道中国不能再这样下去了。

在隋朝的最后几年，情况变得更糟了。许多人希望有一位能带来和平的新领导者。他们想要一位能让他们回到农田和家庭的领导者。旧的王朝还在，但它就像一棵没有根的老树。每个人都在等待一场大风把它吹倒，这样新的东西才能生长出来。人们已经对旧的规则感到厌倦，并为新的开始做好了准备。

Tángcháo zhīqián de shìjiè shì yí gè chōngmǎn jùdà yālì de shídài. Suícháo de tǒngzhìzhě xiūjiàn le liǎobuqǐ de gōngchéng, dàn tāmen yě bǎ rénmín bī de tài jǐn le. Tāmen wàngjì le yí gè guójiā shì yóu rénmín zǔchéng de, ér bù jǐnjǐn shì gōngdiàn hé yùnhé. Zài zhège kùnnan de shíqī, yí gè xīn de gùshi jíjiāng kāishǐ. Zài xià yì zhāng zhōng, wǒmen jiāng kàndào Lǐ Yuān hé tā de jiārén shì rúhé màozhe fēngxiǎn jiànlì Tángcháo, bìng nǔlì xiūlǐ zhège pòsuì de shìjiè de.

唐朝之前的世界是一个充满巨大压力的时代。隋朝的统治者修建了了不起的工程，但他们也把人民逼得太紧了。他们忘记了一个国家是由人民组成的，而不仅仅是宫殿和运河。在这个困难的时期，一个新的故事即将开始。在下一章中，我们将看到李渊和他的家人是如何冒着风险建立唐朝，并努力修理这个破碎的世界的。

Dì Èr Zhāng:

Wángcháo de Jiànlì

Dào 617 nián de shíhou, Suícháo jiù xiàng yí zuò zháo le huǒ de fángzi. Zài Zhōngguó gèdì, rénmen dōu zài fǎnkàng zhèngfǔ. Suí Yángdì táo dào le nánfāng, ràng běifāng shīqù le qiángdà de lǐngdǎozhě. Zài Tàiyuán Chéng, Lǐ Yuān kàndào tā bù néng zài děng le. Tā de érzi Lǐ Shìmín hé xìnrèn de péngyou gàosu tā, gǎibiàn de shíhou dào le. Tāmen shuō, rúguǒ Lǐ Yuān bù xíngdòng, biérén jiù huì zhànlǐng zhège guójiā.

Lǐ Yuān shì yí gè xiǎoxīn de rén, dàn tā yě shì yí wèi shìbīng. Tā zài Tàiyuán jǔ qǐ le yí miàn dàqí, biǎoshì tā zhèngzài jiànlì yì zhī xīn de jūnduì. Xǔduō rén lái jiārù tā. Tāmen yànjuàn le Suícháo, xiǎng yào yí wèi gōngpíng de lǐngdǎozhě. Lǐ Yuān xiàng tā de shìbīng bǎozhèng, tāmen dǎ

第二章：
王朝的建立

到 617 年的时候，隋朝就像一座着了火的房子。在中国各地，人们都在反抗政府。隋炀帝逃到了南方，让北方失去了强大的领导者。在太原城，李渊看到他不能再等了。他的儿子李世民和信任的朋友告诉他，改变的时候到了。他们说，如果李渊不行动，别人就会占领这个国家。

李渊是一个小心的人，但他也是一位士兵。他在太原举起了一面大旗，表示他正在建立一支新的军队。许多人来加入他。他们厌倦了隋朝，想要一位公平的领导者。李渊向他的士兵保证，他们打

zhàng shì wèi le gěi rénmín dàilái hépíng. Zhè jiùshì "yìjūn" de kāishǐ. Rán'ér, jiànlì jūnduì shì yí gè wēixiǎn de màoxiǎn. Rúguǒ tāmen shū le, Lǐ Yuān hé tā de quánjiā dōu huì bèi shā diào.

Tāmen de mùbiāo shì zhànlǐng Dàxīng Chéng, yě jiùshì wǒmen xiànzài shuō de Xī'ān. Tā shì shǒudū, yě shì guójiā de zhōngxīn. Dànshì qù shǒudū de lù bìng bù róngyì. Hái yǒu yìxiē Suícháo shìbīng xiǎng yào dǎzhàng. Chángqī de jiàngyǔ yě ràng dàolù biànchéng le nídì. Shíwù biàn de hěn nán zhǎodào, Lǐ Yuān de yìxiē zhuīsuízhě gǎndào hàipà. Yīnwèi yòu è yòu lěng, tāmen xiǎng huídào Tàiyuán qù.

Dànshì Lǐ Shìmín bù kěn huíqù. Tā zhàn zài yǔ zhōng kūqì, yīnwèi tā bù xīwàng fùqīn fàngqì. Tā gàosu jūnduì: "Rúguǒ wǒmen xiànzài huíqù, jiù huì shīqù yí

仗是为了给人民带来和平。这就是"义军"的开始。然而，建立军队是一个危险的冒险。如果他们输了，<u>李渊</u>和他的全家都会被杀掉。

他们的目标是占领<u>大兴城</u>，也就是我们现在说的<u>西安</u>。它是首都，也是国家的中心。但是去首都的路并不容易。还有一些<u>隋朝</u>士兵想要打仗。长期的降雨也让道路变成了泥地。食物变得很难找到，<u>李渊</u>的一些追随者感到害怕。因为又饿又冷，他们想回到<u>太原</u>去。

但是<u>李世民</u>不肯回去。他站在雨中哭泣，因为他不希望父亲放弃。他告诉军队："如果我们现在回去，就会失去一

qiè. Rúguǒ wǒmen xiàng qián zǒu, jiù néng jiù Zhōngguó." Lǐ Yuān tīng le érzi de xiǎngfǎ. Tā mìnglìng jūnduì qiánjìn. Hěn kuài, tàiyáng chūlái le, tāmen de yùnqi yě kāishǐ biàn hǎo. Tāmen yíng le hěn duō cì xiǎo de zhàndòu, dàn zhèxiē shènglì shì yǒu dàijià de. Liǎng biān de hěn duō shìbīng dōu sǐ zài le nídì lǐ, hěn duō jiātíng shīqù le érzi.

Zài 617 nián de dōngtiān, Lǐ Yuān de jūnduì zhōngyú dào le shǒudū de dàmén. Jīngguò duǎnzàn de zhàndòu, tāmen zhànlǐng le zhè zuò chéngshì. Lǐ Yuān nǔlì duì nàlǐ de rénmín yǒuhǎo. Tā gàosu shìbīng bú yào názǒu jiā lǐ de dōngxi, yě bú yào shānghài jiārén. Zhè ràng shǒudū de rénmín kāixīn. Tāmen kàndào Lǐ Yuān hé Suícháo tǒngzhìzhě bù yíyàng. Dàn yǒuxiē rén réngrán dānxīn. Tāmen xiǎng zhīdào zhè wèi xīn lǐngdǎozhě shìfǒu zhēn de huì bù yíyàng, huòzhě tā

切。如果我们向前走，就能救<u>中国</u>。"
<u>李渊</u>听了儿子的想法。他命令军队前
进。很快，太阳出来了，他们的运气也
开始变好。他们赢了很多次小的战斗，
但这些胜利是有代价的。两边的很多士
兵都死在了泥地里，很多家庭失去了儿
子。

在 617 年的冬天，<u>李渊</u>的军队终于到了
首都的大门。经过短暂的战斗，他们占
领了这座城市。<u>李渊</u>努力对那里的人民
友好。他告诉士兵不要拿走家里的东
西，也不要伤害家人。这让首都的人民
开心。他们看到<u>李渊</u>和<u>隋朝</u>统治者不一
样。但有些人仍然担心。他们想知道这
位新领导者是否真的会不一样，或者他

yě huì biànchéng yā zài tāmen bèi shàng de lìng yí kuài zhòng shítou.

Qǐchū, Lǐ Yuān bìng méiyǒu shuō zìjǐ shì huángdì. Tā ràng yí wèi niánqīng de Suícháo wángzǐ zuò zài wèizi shàng. Dàn hěn qīngchu, Lǐ Yuān yōngyǒu zhēnzhèng de quánlì. Jǐ gè yuè hòu, nánfāng chuánlái xiāoxi, Suí Yángdì sǐ le. Suícháo xiànzài jiéshù le. Zài 618 nián 6 yuè 18 rì, Lǐ Yuān ràng dàjiā zhīdào yí gè xīn wángcháo kāishǐ le. Tā jiào tā Tángcháo. Tā chéngwéi le Tángcháo de dì-yī wèi huángdì, yě jiùshì Táng Gāozǔ.

Rán'ér, guójiā hái méiyǒu wánquán hépíng. Zhōngguó qítā dìfang de lǐngdǎozhě yě xiǎng dāng huángdì. Tāmen yǒu zìjǐ de jūnduì hé chéngshì. Táng Gāozǔ zhīdào, zhǐyǒu guójiā zàicì biànchéng yí gè, Tángcháo cái néng shēngcún xiàqù. Jiē

也会变成压在他们背上的另一块重石头。

起初，李渊并没有说自己是皇帝。他让一位年轻的隋朝王子坐在位子上。但很清楚，李渊拥有真正的权力。几个月后，南方传来消息，隋炀帝死了。隋朝现在结束了。在 618 年 6 月 18 日，李渊让大家知道一个新王朝开始了。他叫它唐朝。他成为了唐朝的第一位皇帝，也就是唐高祖。

然而，国家还没有完全和平。中国其他地方的领导者也想当皇帝。他们有自己的军队和城市。唐高祖知道，只有国家再次变成一个，唐朝才能生存下去。接

xiàlái de jǐ nián, tā nǔlì ràng zhèngfǔ biàn de qiángdà. Tā jiǎnshǎo le shuìshōu lái bāngzhù nóngmín, dàn zhèngfǔ réngrán xūyào qián lái yǎng jūnduì. Zhè yìwèizhe nóngmín réngrán bìxū nǔlì gōngzuò.

Dāng huángdì zài shǒudū gōngzuò shí, tā de érzimen chūqù dǎzhàng le. Lǐ Shìmín xiàng dàjiā zhǎnshì le zìjǐ shì yí wèi yǒu běnshi de lǐngdǎozhě. Tā dàizhe jūnduì zǒu guò le xǔduō dàshān hé héliú. Tā shì yí wèi hé shìbīng chī tóngyàng de shíwù, shuì zài tóngyàng bīnglěng de dìmiàn shàng de lǐngdǎozhě. Yīnwèi zhège, tā de bùxià wèi tā nǔlì dǎzhàng. Qítā de lǐngdǎozhě bèi yí gè jiē yí gè de dǎbài le. Zhè dàilái le hépíng, dàn yě ràng Lǐ Shìmín biàn de fēicháng qiángdà — yěxǔ shì tài qiángdà le.

Dào 624 nián, Zhōngguó de dà bùfèn dìfang dōu zài Tángcháo

下来的几年，他努力让政府变得强大。他减少了税收来帮助农民，但政府仍然需要钱来养军队。这意味着农民仍然必须努力工作。

当皇帝在首都工作时，他的儿子们出去打仗了。李世民向大家展示了自己是一位有本事的领导者。他带着军队走过了许多大山和河流。他是一位和士兵吃同样的食物、睡在同样冰冷的地面上的领导者。因为这个，他的部下为他努力打仗。其他的领导者被一个接一个地打败了。这带来了和平，但也让李世民变得非常强大——也许是太强大了。

到 624 年，中国的大部分地方都在唐朝

de kòngzhì zhī xià. Rán'ér, jiànlì yí gè xīn guójiā bù jǐnjǐn shì yíngdé zhànzhēng. Dāng Táng Gāozǔ zài huánggōng lǐ nǔlì zhìdìng xīn fǎlǜ shí, tā de érzimen zhèngzài wèi le gèng duō de quánlì ér dòuzhēng. Lǐ Shìmín yíngdé le xǔduō zhàndòu, jūnduì dōu duì tā hěn zhōngchéng. Dàn tā de xiōngdìmen yòu jídù yòu hàipà. Zhè zhǒng chénggōng zài jiātíng nèibù zhìzào le yì zhǒng xīn de wēixiǎn. Zài xià yì zhāng zhōng, wǒmen jiāng kàndào Tángcháo rúhé miànduì yí gè jùdà de wēijī, yǐjí yí gè jiānnán de xuǎnzé rúhé yǒngyuǎn gǎibiàn le Zhōngguó de wèilái.

的控制之下。然而，建立一个新国家不仅仅是赢得战争。当<u>唐高祖</u>在皇宫里努力制定新法律时，他的儿子们正在为了更多的权力而斗争。<u>李世民</u>赢得了许多战斗，军队都对他很忠诚。但他的兄弟们又嫉妒又害怕。这种成功在家庭内部制造了一种新的危险。在下一章中，我们将看到<u>唐朝</u>如何面对一个巨大的危机，以及一个艰难的选择如何永远改变了<u>中国</u>的未来。

Dì Sān Zhāng:

Zuì Zǎo de Huángdì

Tángcháo jiànlì yǐhòu, guójiā kāishǐ fāshēng biànhuà. Dì-yī wèi huángdì Lǐ Yuān, xiànzài bèi chēngwéi Táng Gāozǔ. Tā zài shǒudū nǔlì gōngzuò, zhìdìng xīn de fǎlǜ. Tā xiǎng zài duō nián de dǎzhàng hòu bāngzhù rénmín. Rán'ér, zài huánggōng lǐmiàn, bìng méiyǒu hépíng. Táng Gāozǔ lǎo le, tā de érzimen zhèngzài wèi quánlì ér dǎzhàng. Dà érzi shì tàizǐ, dànshì èr érzi Lǐ Shìmín, shì yí wèi chénggōng de jiāngjūn. Shìbīng hé rénmín dōu ài Lǐ Shìmín, yīnwèi tā hěn yǒnggǎn. Zhè zài xiōngdì zhījiān zhìzào le yí gè wēixiǎn de wèntí.

Gēge hé dìdi dōu hěn hàipà Lǐ Shìmín. Tāmen juéde rúguǒ tāmen bù xiān xíngdòng, Lǐ Shìmín jiù huì qiǎngzǒu wèi

第三章：
最早的皇帝

唐朝建立以后，国家开始发生变化。第一位皇帝李渊，现在被称为唐高祖。他在首都努力工作，制定新的法律。他想在多年的打仗后帮助人民。然而，在皇宫里面，并没有和平。唐高祖老了，他的儿子们正在为权力而打仗。大儿子是太子，但是二儿子李世民，是一位成功的将军。士兵和人民都爱李世民，因为他很勇敢。这在兄弟之间制造了一个危险的问题。

哥哥和弟弟都很害怕李世民。他们觉得如果他们不先行动，李世民就会抢走位

zi. Tāmen kāishǐ jìhuà fǎnduì tā, bìng xiàng fùqīn shuō tā de huàihuà. Tóngshí, Lǐ Shìmín de péngyou gàosu tā: "Nǐ de xiōngdì xiǎng shā nǐ. Nǐ xiànzài bìxū xíngdòng, fǒuzé nǐ huì méi mìng de." Lǐ Shìmín fēicháng tòngkǔ. Tā ài tā de jiārén, dàn tā yě xiǎng jiù zìjǐ hé guójiā. Tā zhīdào, wèi le lǐngdǎo Zhōngguó, tā bìxū zuòchū yí jiàn rénmen yǒngyuǎn bú huì wàngjì de shì.

Zài 626 nián de yí gè hánlěng de zǎoshang, Lǐ Shìmín zuòchū le yí gè jiānnán de xuǎnzé. Zhège gùshi jiùshì "Xuánwǔmén zhī Biàn". Lǐ Shìmín hé tā de bùxià zài huánggōng de yí gè dàmén děnghòu. Dāng tā de xiōngdìmen dàodá shí, dǎzhàng fāshēng le. Nà shì yí gè bēishāng qiě liúxuè de rìzi. Zuìhòu, tā de liǎng gè xiōngdì dōu sǐ le. Lǐ Shìmín yíng le, dàn tā qīnshǒu shīqù le jiārén. Zhè jiùshì wèi le quánlì, tā fùchū de tòngkǔ dài

子。他们开始计划反对他，并向父亲说他的坏话。同时，<u>李世民</u>的朋友告诉他："你的兄弟想杀你。你现在必须行动，否则你会没命的。"<u>李世民</u>非常痛苦。他爱他的家人，但他也想救自己和国家。他知道，为了领导<u>中国</u>，他必须做出一件人们永远不会忘记的事。

在 626 年的一个寒冷的早上，<u>李世民</u>做出了一个艰难的选择。这个故事就是"<u>玄武门之变</u>"。<u>李世民</u>和他的部下在皇宫的一个大门等候。当他的兄弟们到达时，打仗发生了。那是一个悲伤且流血的日子。最后，他的两个兄弟都死了。<u>李世民</u>赢了，但他亲手失去了家人。这就是为了权力，他付出的痛苦代

jià. Huánggōng lǐ de yìxiē rén hěn hàipà tā, yīnwèi tāmen kàndào le tā duì zìjǐ de qīnrén kěyǐ yǒu duō lěngkù.

Zhè zhīhòu bùjiǔ, Táng Gāozǔ bǎ wèizi jiāo gěi le Lǐ Shìmín. Lǐ Shìmín chéngwéi le Tángcháo de dì-èr wèi huángdì, yě jiùshì Táng Tàizōng. Tā zhīdào rénmín zài kànzhe tā. Hěn duō rén yīnwèi tā dāng huángdì de fāngshì ér gǎndào hàipà. Tàizōng juédìng, zhǎnshì zìjǐ shì hǎo lǐngdǎo de wéiyī bànfǎ, jiùshì ràng rénmín de shēnghuó biàn de gèng hǎo. Tā xiǎng chéngwéi wěidà guówáng de jìngzi, dàn tā yě zhīdào, tā de guòqù yǒngyuǎn shì tā gùshi de yí bùfèn.

Táng Tàizōng kāishǐ le "Zhēnguān zhī Zhì", zhè shì yí gè hépíng de shídài. Tā hé Suícháo de tǒngzhìzhě bùtóng, yīnwèi tā qiǎngpò zìjǐ tīng biérén de yìjiàn. Tā gàosu

价。皇宫里的一些人很害怕他，因为他们看到了他对自己的亲人可以有多冷酷。

这之后不久，唐高祖把位子交给了李世民。李世民成为了唐朝的第二位皇帝，也就是唐太宗。他知道人民在看着他。很多人因为他当皇帝的方式而感到害怕。太宗决定，展示自己是好领导的唯一办法，就是让人民的生活变得更好。他想成为伟大国王的镜子，但他也知道，他的过去永远是他故事的一部分。

唐太宗开始了"贞观之治"，这是一个和平的时代。他和隋朝的统治者不同，因为他强迫自己听别人的意见。他告诉

guānyuánmen: "Wǒ jiù xiàng yí gè zhào jìngzi de rén. Nǐmen jiùshì wǒ de jìngzi. Rúguǒ wǒ zuò le cuòshì, nǐmen bìxū gàosu wǒ." Yí gè jiào Wèi Zhēng de guānyuán hěn yǒnggǎn. Tā jīngcháng zài huángdì fàncuò shí gàosu tā. Yǒushí huángdì huì shēngqì bìng xiǎng chéngfá Wèi Zhēng, dàn tā kèzhì le zìjǐ. Tā zhīdào, yí gè bù tīng zhēnhuà de lǐngdǎozhě hěn kuài jiù huì dǎoxià.

Zài Tàizōng de lǐngdǎo xià, zhèngfǔ biàn de gōngpíng. Tā bǎozhèng shuìshōu hěn dī, zhèyàng nóngmín jiù néng wèi háizimen tígōng zúgòu de shíwù. Tā hái kāi le xuéxiào, yǔnxǔ gèng duō de rén tōngguò kǎoshì dāngguān. Wúlùn nǐ shìfǒu láizì qióngrénjiā, zhǐyào nǐ cōngming qiě nǔlì gōngzuò, nǐ jiù néng wèi huángdì gōngzuò. Rán'ér, duì hěn duō rén lái shuō shēnghuó yīrán hěn xīnkǔ. Shìbīngmen bùdébù liú zài hánlěng de biānjìng hěn duō nián, lí jiā hěn yuǎn. Tāmen de jiārén

官员们："我就像一个照镜子的人。你们就是我的镜子。如果我做了错事，你们必须告诉我。"一个叫<u>魏征</u>的官员很勇敢。他经常在皇帝犯错时告诉他。有时皇帝会生气并想惩罚<u>魏征</u>，但他克制了自己。他知道，一个不听真话的领导者很快就会倒下。

在<u>太宗</u>的领导下，政府变得公平。他保证税收很低，这样农民就能为孩子们提供足够的食物。他还开了学校，允许更多的人通过考试当官。无论你是否来自穷人家，只要你聪明且努力工作，你就能为皇帝工作。然而，对很多人来说生活依然很辛苦。士兵们不得不留在寒冷的边境很多年，离家很远。他们的家人

xiǎngniàn tāmen, jīngcháng bùdébù xīnkǔ de dúzì zhòng dì.

Shǒudū Cháng'ān chéngwéi le yí zuò dà chéngshì. Láizì xǔduō bùtóng guójiā de rén dōu lái fǎngwèn. Shìchǎng lǐ mài sīchóu, cháyè hé láizì yuǎnfāng de piàoliang dōngxi. Tàizōng huānyíng suǒyǒu rén. Tā shuō, yí gè wěidà de guójiā bù yīnggāi hàipà xīn de xiǎngfǎ. Dàn suízhe tā niánjì biàn dà, tā biàn de hěn jiāo'ào. Tā zài zìjǐ de gōngdiàn shàng huā gèng duō de qián, yǒushí bú zài tīng tā de "jìngzi" shuōhuà. Tā wàngjì le yìxiē tā niánqīng shí xué guò de jiàoxùn.

Tàizōng hái pài jūnduì qù ràng biānjìng biàn de ānquán. Tā bù xiǎng yǒu gèng duō dǎzhàng, dàn tā yào bǎohù Zhōngguó. Yīnwèi tā hěn chénggōng, xǔduō láizì qítā tǔdì de lǐngdǎozhě

想念他们，经常不得不辛苦地独自种地。

首都<u>长安</u>成为了一座大城市。来自许多不同国家的人都来访问。市场里卖丝绸、茶叶和来自远方的漂亮东西。<u>太宗</u>欢迎所有人。他说，一个伟大的国家不应该害怕新的想法。但随着他年纪变大，他变得很骄傲。他在自己的宫殿上花更多的钱，有时不再听他的"镜子"说话。他忘记了一些他年轻时学过的教训。

<u>太宗</u>还派军队去让边境变得安全。他不想有更多打仗，但他要保护<u>中国</u>。因为他很成功，许多来自其他土地的领导者

láidào Cháng'ān biǎoshì zūnzhòng. Tāmen jiào tā
"Tiān Kèhán", yìsi jiùshì suǒyǒu rén de wěidà
shǒulǐng. Zhōngguó zhōngyú zàicì tǒngyī qiě qiángdà
le, dàn zhè zhǒng qiángdà de dàijià shì xǔduō
pǔtōng rén de xīnkǔ gōngzuò hé fùchū.

Jíshǐ yǒu le suǒyǒu zhèxiē chénggōng, Tàizōng háishi
juéde tā xūyào gèng shēn de liǎojiě shìjiè. Zhè jiùshì
wèishénme, dāng tā tīngshuō yǒu yí gè héshang
xiǎng qù xīfāng xúnzhǎo zhīshi shí, tā biàn de gǎn
xìngqù. Zhège héshang jiùshì Xuánzàng. Tā xiǎng qù
Zhōngguó rén cóngwèi qù guò de dìfang. Zài xià yì
zhāng zhōng, wǒmen jiāng gēnsuí Xuánzàng líkāi
ānquán de Cháng'ān chéngqiáng, qù jìnxíng yì chǎng
gǎibiàn lìshǐ yǐjí gǎibiàn rénmen kàn shìjiè fāngshì de
lǚxíng.

来到长安表示尊重。他们叫他"天可汗"，意思就是所有人的伟大首领。中国终于再次统一且强大了，但这种强大的代价是许多普通人的辛苦工作和付出。

即使有了所有这些成功，太宗还是觉得他需要更深地了解世界。这就是为什么，当他听说有一个和尚想去西方寻找知识时，他变得感兴趣。这个和尚就是玄奘。他想去中国人从未去过的地方。在下一章中，我们将跟随玄奘离开安全的长安城墙，去进行一场改变历史以及改变人们看世界方式的旅行。

Dì Sì Zhāng:

Wěidà de Lǚxíngzhě: Xuánzàng

Dāng Táng Tàizōng nǔlì ràng guójiā biàn de qiángdà
shí, yí gè jiào Xuánzàng de niánqīng héshang
zhèngzài zhǔnbèi yí xiàng bùtóng de gōngzuò.
Xuánzàng zhù zài Cháng'ān Chéng. Tā shì yí gè
cōngming de rén, měitiān dōu zài dú guānyú Fójiào
de shū. Tā xiǎng liǎojiě shēngmìng shēnkè de yìsi,
yǐjí rénmen wèishénme huì shòukǔ. Dànshì, tā yǒu
yí gè hěn dà de wèntí. Tā fāxiàn, Zhōngguó de hěn
duō guānyú Fójiào de shū dōu bù yíyàng. Yǒude shū
zhème shuō, yǒude shū nàme shuō. Xuánzàng juéde
zhè hěn qíguài, yě ràng tā hěn kùnhuò. Tā xiǎng:
"Rúguǒ wǒ bù cóng xīfāng zhǎodào zuì zǎo de shū,
wǒ yǒngyuǎn dōu bú huì zhīdào zhēnxiàng."

Xuánzàng juédìng, tā bìxū qù Yìndù. Zài nàshí, dào

第四章：
伟大的旅行者：<u>玄奘</u>

当<u>唐太宗</u>努力让国家变得强大时，一个叫<u>玄奘</u>的年轻和尚正在准备一项不同的工作。<u>玄奘</u>住在<u>长安城</u>。他是一个聪明的人，每天都在读关于<u>佛教</u>的书。他想了解生命深刻的意思，以及人们为什么会受苦。但是，他有一个很大的问题。他发现，<u>中国</u>的很多关于<u>佛教</u>的书都不一样。有的书这么说，有的书那么说。<u>玄奘</u>觉得这很奇怪，也让他很困惑。他想："如果我不从西方找到最早的书，我永远都不会知道真相。"

<u>玄奘</u>决定，他必须去<u>印度</u>。在那时，到

dá Yìndù shì yí duàn màncháng ér kùnnan de lǚchéng, kěnéng xūyào hǎo jǐ nián. Yào dào nàlǐ, lǚxíngzhě bìxū fān guò gāoshān. Érqiě, yǒu yì tiáo fǎlǜ shuō rénmen bù zhǔn líkāi guójiā, yīnwèi biānjìng bù ānquán. Xuánzàng qǐngqiú le hěn duō cì bāngzhù, dàn zhèngfǔ shuō bù xíng. Dàn Xuánzàng de xīn hěn jiāndìng. Tā xiāngxìn tā de mèngxiǎng bǐ fǎlǜ gèng zhòngyào. Zài 629 nián, tā zài bànyè líkāi le, xiàng yí gè táopǎo de rén. Tā zhǐ dài le yìxiē dōngxi hé tā de mǎ. Tā zhǐyǒu yí gè rén, qiánmiàn de lù hěn hēi, érqiě chōngmǎn le wēixiǎn.

Xuánzàng xiàng xī zǒu, líkāi le ānquán de Cháng'ān chéngqiáng. Hěn kuài, tā dào le yí gè jùdà de shāmò. Nàlǐ shì yí gè jíduān wēixiǎn de dìfang. Méiyǒu shuǐ, tàiyáng rè de ràng shāzi xiàng huǒ yíyàng. Xuánzàng zài shāzi lǐ kàndào le sǐqù de dòngwù hé rén de gǔtou. Yǒu yí cì, tā

达<u>印度</u>是一段漫长而困难的旅程，可能需要好几年。要到那里，旅行者必须翻过高山。而且，有一条法律说人们不准离开国家，因为边境不安全。<u>玄奘</u>请求了很多次帮助，但政府说不行。但<u>玄奘</u>的心很坚定。他相信他的梦想比法律更重要。在 629 年，他在半夜离开了，像一个逃跑的人。他只带了一些东西和他的马。他只有一个人，前面的路很黑，而且充满了危险。

<u>玄奘</u>向西走，离开了安全的<u>长安</u>城墙。很快，他到了一个巨大的沙漠。那里是一个极端危险的地方。没有水，太阳热得让沙子像火一样。<u>玄奘</u>在沙子里看到了死去的动物和人的骨头。有一次，他

bù xiǎoxīn nòngdiū le suǒyǒu de shuǐdài. Sì tiān wǔ yè, tā méiyǒu shuǐ hē. Tā gǎndào shēntǐ biàn ruò le, hóulong xiàng gān mùtou yíyàng. Tā kāishǐ kàndào yìxiē bìng bù cúnzài de dōngxi. Tā juéde tā zài fēng lǐ tīngdào le qíguài de shēngyīn, zài shāzi lǐ kàndào le móguǐ. Tā dǎo zài dìshàng, dàn tā réngrán xiǎng xiàng qián zǒu. Tā shuō: "Wǒ nìngkě wèi le zhēnxiàng xiàng xī sǐ diào, yě bú yuàn xiàng dōng huózhe." Zuìhòu, tā de mǎ zhǎodào le yí gè xiǎo shuǐchí, tā déjiù le.

Guò le shāmò yǐhòu, Xuánzàng dào le gāoshān. Shān shàng quán shì hòuhòu de, bú huà de xuě hé bīng. Fēng yòu lěng yòu dà, ràng rén zhàn bù wěn. Zài lùshàng jiārù tā de rén zhōng, yǒu hěn duō rén yīnwèi hánlěng de kōngqì shēngbìng sǐqù le. Xuánzàng bùdébù zǒu guò tāmen zài xuědì lǐ bīnglěng de shēntǐ. Tā jīngcháng yòu è yòu lèi, jiǎo yě zài liú

不小心弄丢了所有的水袋。四天五夜，他没有水喝。他感到身体变弱了，喉咙像干木头一样。他开始看到一些并不存在的东西。他觉得他在风里听到了奇怪的声音，在沙子里看到了魔鬼。他倒在地上，但他仍然想向前走。他说："我宁可为了真相向西死掉，也不愿向东活着。"最后，他的马找到了一个小水池，他得救了。

过了沙漠以后，<u>玄奘</u>到了高山。山上全是厚厚的、不化的雪和冰。风又冷又大，让人站不稳。在路上加入他的人中，有很多人因为寒冷的空气生病死去了。<u>玄奘</u>不得不走过他们在雪地里冰冷的身体。他经常又饿又累，脚也在流

xuè, dàn tā cóng bù tíngzhǐ. Tā pá guò zuì gāo de bīng, zǒu guò zuì shēn de xuě. Zuìhòu, zài zǒu le yì nián duō bìng shòu le hěn duō kǔ yǐhòu, tā dàodá le Yìndù. Tā hěn shòu, yīfu yě hěn jiù, dàn tā de yǎnjing lǐ chōngmǎn le kuàilè.

Zài Yìndù, Xuánzàng fǎngwèn le xǔduō zhùmíng de sìmiào, jiàndào le xǔduō cōngming de lǎoshī. Tā zài yì suǒ jiào Nàlàntuó de dàxiào zhù le hěn duō nián. Nàlǐ yǒu jǐ qiān běn shū hé jǐ qiān gè xuésheng. Xuánzàng báitiān hēiyè dōu zài xuéxí. Tā xuéhuì le shuō hé dú Yìndù de yǔyán. Tā yǔ zuì hǎo de lǎoshī jiāotán, wèn le tāmen hěn duō wèntí. Dàn tā fāxiàn jíshǐ zài Yìndù, cōngming de rén yě huì wèi le shénme shì zhēnxiàng ér jīngcháng chǎojià. Yǒushí, bùtóng de xiǎngfǎ ràng tā gǎndào hěn lèi. Tā yìshí dào, xúnzhǎo zhēnxiàng shì yì chǎng màncháng ér kùnnan de zhàndòu. Hěn kuài,

血，但他从不停止。他爬过最高的冰，走过最深的雪。最后，在走了一年多并受了很多苦以后，他到达了印度。他很瘦，衣服也很旧，但他的眼睛里充满了快乐。

在印度，玄奘访问了许多著名的寺庙，见到了许多聪明的老师。他在一所叫那烂陀的大校住了很多年。那里有几千本书和几千个学生。玄奘白天黑夜都在学习。他学会了说和读印度的语言。他与最好的老师交谈，问了他们很多问题。但他发现即使在印度，聪明的人也会为了什么是真相而经常吵架。有时，不同的想法让他感到很累。他意识到，寻找真相是一场漫长而困难的战斗。很快，

Yìndù de měi gè rén dōu tīngshuō le zhè wèi láizì Tángcháo de wěidà héshang. Lián Yìndù yǒu quánlì de guówángmen dōu xiǎng jiàn tā bìng sòng tā jīnzi, dàn Xuánzàng zhǐ xiǎng xuéxí.

Shíliù nián yǐhòu, tā juédìng shì shíhou huí Zhōngguó le. Tā shōují le jǐ bǎi běn shū hé xǔduō piàoliang de xiàng. Tā yòng hěn duō pǐ mǎ zàicì dàizhe zhèxiē bǎobèi fānshān yuèlǐng. Dāng tā dàodá Zhōngguó biānjìng shí, tā hěn dānxīn. Tā jìde hěn duō nián qián tā shì méiyǒu jīngguò xǔkě líkāi de. Tā gěi Táng Tàizōng xiě le yì fēng cháng xìn, shuōmíng le tā de lǚxíng yǐjí tā fāxiàn de dōngxi. Ràng tā chījīng de shì, huángdì méiyǒu shēngqì. Táng Tàizōng xiànzài shì yí wèi xiǎng liǎojiě shìjiè, bìng lìyòng Xuánzàng zhīshi de lǐngdǎozhě. Tā pài le xǔduō guānyuán qù jiē Xuánzàng, dài tā huí shǒudū.

印度的每个人都听说了这位来自唐朝的伟大和尚。连印度有权力的国王们都想见他并送他金子，但玄奘只想学习。

十六年以后，他决定是时候回中国了。他收集了几百本书和许多漂亮的像。他用很多匹马再次带着这些宝贝翻山越岭。当他到达中国边境时，他很担心。他记得很多年前他是没有经过许可离开的。他给唐太宗写了一封长信，说明了他的旅行以及他发现的东西。让他在吃惊的是，皇帝没有生气。唐太宗现在是一位想了解世界，并利用玄奘知识的领导者。他派了许多官员去接玄奘，带他回首都。

Dāng Xuánzàng jìnrù Cháng'ān shí, nà shì yí gè qìngzhù de rìzi. Jǐ qiān rén láidào jiēdào shàng, kàn zhè wèi zǒu dào Yìndù yòu huílái de rén. Tāmen rēng xiānhuā, zòu yīnyuè. Táng Tàizōng zài huánggōng lǐ jiàn le Xuánzàng. Huángdì duì xīfāng de tǔdì hěn gǎn xìngqù, yīnwèi tā xiǎng zhīdào gèng duō guānyú nàlǐ de jūnduì hé dàolù de shìqing. Tā qǐng Xuánzàng zuò zhèngfǔ de gāoguān. Dàn Xuánzàng shuō: "Xièxie nín, dàn wǒ zhǐ xiǎng zuò wǒ de shū." Tā bú yào quánlì; tā xiǎng fēnxiǎng tā zhǎodào de zhēnxiàng.

Huángdì gěi Xuánzàng tígōng le yí gè ānjìng de sìmiào. Zài jiēxiàlái de èrshí nián lǐ, Xuánzàng hé qítā héshang měitiān dōu nǔlì gōngzuò. Tāmen bǎ Yìndù de wénzì zǐxì de biànchéng le Zhōngwén, zhèyàng měi gè rén dōu néng dú. Zhè shì fēicháng kùnnan qiě lèi rén de gōngzuò. Xuánzàng yīnwèi duō nián zài shāmò hé shān lǐ de kǔnàn, jīngcháng gǎndào shēng

当玄奘进入长安时，那是一个庆祝的日子。几千人来到街道上，看这位走到印度又回来的人。他们扔鲜花，奏音乐。唐太宗在皇宫里见了玄奘。皇帝对西方的土地很感兴趣，因为他想知道更多关于那里的军队和道路的事情。他请玄奘做政府的高官。但玄奘说："谢谢您，但我只想做我的书。"他不要权力；他想分享他找到的真相。

皇帝给玄奘提供了一个安静的寺庙。在接下来的二十年里，玄奘和其他和尚每天都努力工作。他们把印度的文字仔细地变成了中文，这样每个人都能读。这是非常困难且累人的工作。玄奘因为多年在沙漠和山里的苦难，经常感到生

bìng. Dàn tā cóng bù tíngzhǐ. Tā hái xiě le yì běn guānyú tā jiàn guò de shān, hé hé rén de míngshū. Zhè běn shū bāngzhù Tángcháo zhèngfǔ liǎojiě le shìjiè, dàn duì Xuánzàng lái shuō, zhè shì duì tā huā diào le qīngchūn hé jiànkāng de lǚxíng de jìyì.

Xuánzàng de lǚxíng yǒngyuǎn gǎibiàn le Zhōngguó. Tā gěi Tángcháo dàilái le xīn de sīxiǎng, xīn de yìshù hé xīn de zhīshi. Dàn tā bùjǐn shì yí gè lǚxíngzhě, tā háishi yí gè zhǎnshì le mèngxiǎng dàijià de rén. Tā bú shì yí gè názhe jiàn de shìbīng, dàn tā hé rènhé jiāngjūn yíyàng yǒnggǎn. Zhídào jīntiān, Zhōngguó rénmín réngrán xǐhuan jiǎng guānyú tā de gùshi. Suīrán zhùmíng de gùshi "Xī Yóu Jì" jiǎng de shì fǎshù, dàn zhēnshí de Xuánzàng gùshi shì guānyú yí gè jīngcháng gǎndào hàipà hé gūdān, dàn yīnwèi xiāngxìn zhēnxiàng ér jiānchí zǒulù de rén.

病。但他从不停止。他还写了一本关于他见过的山、河和人的名书。这本书帮助唐朝政府了解了世界，但对玄奘来说，这是对他花掉了青春和健康的旅行的记忆。

玄奘的旅行永远改变了中国。他给唐朝带来了新的思想、新的艺术和新的知识。但他不仅是一个旅行者，他还是一个展示了梦想代价的人。他不是一个拿着剑的士兵，但他和任何将军一样勇敢。直到今天，中国人民仍然喜欢讲关于他的故事。虽然著名的故事《西游记》讲的是法术，但真实的玄奘故事是关于一个经常感到害怕和孤单，但因为相信真相而坚持走路的人。

Dì Wǔ Zhāng:
Pǔtōng Rén de Shēnghuó

Zài Tángcháo, rénmen měitiān shēnghuó de hěn rènao, tèbié shì zài shǒudū Cháng'ān. Xiǎngxiàng yíxià zài qīngchén zǒu jìn chéngmén. Nǐ huì kàndào kuānkuò de jiēdào hé jǐ qiān rén. Cháng'ān jiù xiàng yí gè dà gézi, yǒu hěn duō xiǎo shèqū jiào "fāng". Měi gè shèqū dōu yǒu qiáng, dàmén zài wǎnshang huì guānshang. Zài báitiān, chéngshì lǐ fēicháng rènao, dàochù dōu shì yánsè. Rúguǒ nǐ shì yí gè zài Cháng'ān de pǔtōng rén, nǐ huì tīngdào zǎoshang de zhōngshēng. Zhè gàosu nǐ, "fāng" de dàmén kāi le, gāi kāishǐ yì tiān de gōngzuò le.

Rán'ér, chéngshì shēnghuó yě yǒu hěn duō yángé de guīzé. Yí gè gùshi jiǎng de shì yí gè jiào Wáng xiānsheng de shāngrén. Yì tiān wǎnshang, tā zài péngyou jiā dāi de tài jiǔ, méi tīng

第五章：
普通人的生活

在<u>唐朝</u>，人们每天生活得很热闹，特别是在首都<u>长安</u>。想象一下在清晨走进城门。你会看到宽阔的街道和几千人。<u>长安</u>就像一个大格子，有很多小社区叫"坊"。每个社区都有墙，大门在晚上会关上。在白天，城市里非常热闹，到处都是颜色。如果你是一个在<u>长安</u>的普通人，你会听到早上的钟声。这告诉你，"坊"的大门开了，该开始一天的工作了。

然而，城市生活也有很多严格的规则。一个故事讲的是一个叫<u>王先生</u>的商人。一天晚上，他在朋友家待得太久，没听

dào ràng rénmen huíjiā de gǔshēng. "Fāng" mén guānshang le, tā bèi kùn zài le jiēshàng. Zài Tángcháo, guānmén hòu dāi zài wàimian shì fànfǎ de. Wáng xiānsheng bùdébù duǒ zài ànchù, yīnwèi tā hàipà wèibīng. Rúguǒ tāmen zhuāzhù tā, tā jiù huì bèi chéngfá huòzhě áidǎ. Zhè zhǎnshì le suīrán chéngshì hěn dà hěn piàoliang, dàn fǎlǜ duìyú fàn le xiǎo cuòwù de pǔtōng rén lái shuō kěnéng shì yánkù de.

Chéngshì lǐ de dàduōshù rén shì shāngrén huòzhě shǒuyì rén. Pǔtōng de yì tiān kěnéng cóng yì wǎn rè chá kāishǐ. Cháyè zài Tángcháo biàn de shòu huānyíng. Rénmen yě xǐhuan chī miànbāo. Yì zhǒng shàngmiàn yǒu zhǒngzi de píngpíng de miànbāo, jiào "húbǐng", hěn yǒumíng. Tā láizì xīfāng, dàn měi gè rén dōu xǐhuan chī tā. Nǐ kěyǐ zài jiējiǎo de xiǎo diàn lǐ yòng hěn dī de jiàqián mǎi dào tā. Dàn duìyú diànzhǔ lái shuō, shēnghuó shì xīnkǔ de gōngzuò. Tāmen bìxū zhīfù

到让人们回家的鼓声。"坊"门关上了，他被困在了街上。在唐朝，关门后待在外面是犯法的。王先生不得不躲在暗处，因为他害怕卫兵。如果他们抓住他，他就会被惩罚或者挨打。这展示了虽然城市很大很漂亮，但法律对于犯了小错误的普通人来说可能是严酷的。

城市里的大多数人是商人或者手艺人。普通的一天可能从一碗热茶开始。茶叶在唐朝变得受欢迎。人们也喜欢吃面包。一种上面有种子的平平的面包，叫"胡饼"，很有名。它来自西方，但每个人都喜欢吃它。你可以在街角的小店里用很低的价钱买到它。但对于店主来说，生活是辛苦的工作。他们必须支付

zài shìchǎng lǐ de wèizi qián, bìngqiě gōngzuò hěn duō xiǎoshí, cái néng wèi jiārén zhuàn dào zúgòu de qián.

Chéngshì lǐ zuì ràng rén xīngfèn de dìfang shì shìchǎng. Yǒu Dōngshì hé Xīshì. Xīshì hěn tèbié, yīnwèi láizì yuǎnfāng guójiā de shāngrén dōu qù nàlǐ. Nǐ kěyǐ zhǎodào běifāng de mǎ hé xīfāng de qíguài shuǐguǒ. Rénmen bù zhǐshì qù nàlǐ mǎi dōngxi; tāmen qù nàlǐ tīng xiāoxi. Shìchǎng lǐ yǒu fēicháng duō de páizi, rénmen shuōzhe bùtóng de yǔyán. Dàn shìchǎng lǐ yě hěn jǐ, hěn chǎo. Yǒushí, rénmen huì wèi le jiàgé chǎojià huòzhě dǎjià. Zhè shì yí gè měilì yǔ dòuzhēng bìngcún de shìjiè.

Rán'ér, Zhōngguó de dàduōshù rén zhù zài xiǎo cūnzhuāng lǐ dāng nóngmín. Duìyú nóngmín lái shuō, shēnghuó jiǎndān dàn kùnnan. Tāmen zài tàiyáng chūlái qián qǐchuáng, zhěngtiān zài tián

在市场里的位子钱，并且工作很多小时，才能为家人赚到足够的钱。

城市里最让人兴奋的地方是市场。有<u>东市</u>和<u>西市</u>。<u>西市</u>很特别，因为来自远方国家的商人都去那里。你可以找到北方的马和西方的奇怪水果。人们不只是去那里买东西；他们去那里听消息。市场里有非常多的牌子，人们说着不同的语言。但市场里也很挤、很吵。有时，人们会为了价格吵架或者打架。这是一个美丽与斗争并存的世界。

然而，<u>中国</u>的大多数人住在小村庄里当农民。对于农民来说，生活简单但困难。他们在太阳出来前起床，整天在田

lǐ gōngzuò. Zài běifāng, tāmen zhòng xiǎomài. Zài nánfāng, tāmen zhòng dàmǐ. Suīrán Táng Tàizōng jiàngdī le shuìshōu, dàn nóngmín yīrán shēnghuó zài hàipà zhōng. Rúguǒ hěn cháng shíjiān bú xiàyǔ, liángshi jiù huì sǐ diào, quánjiārén jiù méiyǒu dōngxi chī. Jíshǐ zài bù hǎo de niánfèn, tāmen yě bìxū bǎ yí bùfèn liángshi jiāo gěi zhèngfǔ. Dàzìrán kěnéng shì cánkù de, nóngmín de xīnkǔ gōngzuò kěnéng huì zài yì tiān zhī nèi bèi huǐ diào.

Jiātíng shì shēnghuó de zhōngxīn. Tōngcháng, hěn duō rén zhù zài yí gè fángzi lǐ. Yéye nǎinai, bàba māma hé háizi dōu zhù zài yìqǐ, hùxiāng bāngzhù. Háizimen cóngxiǎo jiù xuéxí yào zūnjìng lǎorén. Zài wǎnfàn shíjiān, quánjiārén huì zuò zài yìqǐ, chī liángshi hé shūcài. Tāmen huì liáoliao tāmen de dānxīn hé duì wèilái de xīwàng. Tāmen zhīdào, wèi le zài zhège jīngcháng biànhuà de shìjiè lǐ huó

里工作。在北方，他们种小麦。在南方，他们种大米。虽然<u>唐太宗</u>降低了税收，但农民依然生活在害怕中。如果很长时间不下雨，粮食就会死掉，全家人就没有东西吃。即使在不好的年份，他们也必须把一部分粮食交给政府。大自然可能是残酷的，农民的辛苦工作可能会在一天之内被毁掉。

家庭是生活的中心。通常，很多人住在一个房子里。爷爷奶奶、爸爸妈妈和孩子都住在一起，互相帮助。孩子们从小就学习要尊敬老人。在晚饭时间，全家人会坐在一起，吃粮食和蔬菜。他们会聊聊他们的担心和对未来的希望。他们知道，为了在这个经常变化的世界里活

xiàqù, tāmen bìxū dāi zài yìqǐ.

Zài kòngxián shíjiān, rénmen xǐhuan wánlè. Nánrén hé nǚrén xǐhuan zài mǎ shàng wán mǎqiú. Nà shì yì zhǒng hěn kuài de yóuxì, dàn yě hěn wēixiǎn. Rénmen jīngcháng diào xiàlái shòushāng. Qítā rén xǐhuan wán yīnyuè huòzhě xiě jiǎndān de shī. Zài jiérì lǐ, chéngmén zhěng wǎn dōu kāizhe, jiēdào shàng quán shì dēng. Rénmen kàn wǔzhě biǎoyǎn, tīng dàshēng de yīnyuè. Jíshǐ shì zuì qióng de rén zài zhèxiē jiérì lǐ yě huì gǎndào kuàilè, dàn tāmen zhīdào, dì-èr tiān, xīnkǔ de gōngzuò yòu yào kāishǐ le.

Jiàoyù biàn de yuèláiyuè zhòngyào. Yīnwèi zhèngfǔ tōngguò kǎoshì lái xúnzhǎo guānyuán, hěn duō fùqīn xīwàng tāmen de érzi nǔlì xuéxí. Rúguǒ yí gè láizì xiǎo cūnzhuāng de nánhái néng dú huì xiě, tā jiù néng chéngwéi yì míng wěidà de guān

下去，他们必须待在一起。

在空闲时间，人们喜欢玩乐。男人和女人喜欢在马上玩马球。那是一种很快的游戏，但也很危险。人们经常掉下来受伤。其他人喜欢玩音乐或者写简单的诗。在节日里，城门整晚都开着，街道上全是灯。人们看舞者表演，听大声的音乐。即使是最穷的人在这些节日里也会感到快乐，但他们知道，第二天，辛苦的工作又要开始了。

教育变得越来越重要。因为政府通过考试来寻找官员，很多父亲希望他们的儿子努力学习。如果一个来自小村庄的男孩能读会写，他就能成为一名伟大的官

yuán. Zhège mèngxiǎng ràng hěn duō jiātíng nǔlì gōngzuò qù mǎi shū. Dàn kǎoshì fēicháng nán, hěn duō xuésheng shībài le. Tāmen huì huā hěn duō nián xuéxí, zuìhòu què fāxiàn wúfǎ tōngguò. Zhè gěi nàxiē bǎ suǒyǒu de qián dōu huā zài jiàoyù shàng de jiātíng dàilái le hěn duō tòngkǔ.

Tángcháo de shēnghuó chōngmǎn le biànhuà hé yánsè, dàn duìyú xǔduō pǔtōng rén lái shuō, zhè yě shì yì chǎng dòuzhēng. Tāmen yuànyì jiēshòu xīn shìwù, dàn tāmen yě bìxū tīngcóng yángé de fǎlǜ, bìng miànduì dàzìrán de lìliàng. Wúlùn nǐ shì yí gè shìchǎng lǐ de shāngrén, háishi yí gè cūnzhuāng lǐ de nóngmín, nǐ dōu shì zhège fāzhǎn zhōng dàn tōngcháng hěn kùnnan de shìjiè de yí bùfèn. Tángcháo shì měi gè rén de shídài, dàn měi gè rén dōu bìxū nǔlì gōngzuò cái néng zài qízhōng zhǎodào zìjǐ de wèizhì.

员。这个梦想让很多家庭努力工作去买书。但考试非常难，很多学生失败了。他们会花很多年学习，最后却发现无法通过。这给那些把所有的钱都花在教育上的家庭带来了很多痛苦。

唐朝的生活充满了变化和颜色，但对于许多普通人来说，这也是一场斗争。他们愿意接受新事物，但他们也必须听从严格的法律，并面对大自然的力量。无论你是一个市场里的商人，还是一个村庄里的农民，你都是这个发展中但通常很困难的世界的一部分。唐朝是每个人的时代，但每个人都必须努力工作才能在其中找到自己的位置。

Dì Liù Zhāng:

Sīxiǎng, Xìnyǎng hé Xuéxí

Zài Tángcháo, rénmen bùjǐn guānxīn shíwù hé gōngzuò, tāmen yě guānxīn shēnkè de sīxiǎng, yǐjí rúhé guòshang hǎo de shēnghuó. Zài nàshí, yǒu sān zhǒng zhǔyào de sīxiǎng hěn zhòngyào: Rújiā, Dàojiào hé Fójiào. Zhèxiē sīxiǎng jiù xiàng sān tiáo héliú, liú zài yìqǐ ràng Tángcháo de wénhuà biàn de fēngfù. Rénmen xiāngxìn, yí gè cōngming de rén yīnggāi nǔlì qù liǎojiě zhè sān zhǒng sīxiǎng. Tāmen juéde měi zhǒng sīxiǎng dōu xiàng yí gè gōngjù, zài shēnghuó de bùtóng bùfèn bāngzhù tāmen. Rúguǒ yí gè rén zhīdào zhèxiē sīxiǎng, tā jiù néng zuò yí gè gèng hǎo de fùqīn, gōngrén huòzhě péngyou. Rán'ér, suīrán zhèxiē sīxiǎng hěn wěidà, tāmen yě gěi pǔtōng rén dàilái le xǔduō tiǎozhàn.

第六章：
思想、信仰和学习

在<u>唐朝</u>，人们不仅关心食物和工作，他们也关心深刻的思想，以及如何过上好的生活。在那时，有三种主要的思想很重要：<u>儒家</u>、<u>道教</u>和<u>佛教</u>。这些思想就像三条河流，流在一起让<u>唐朝</u>的文化变得丰富。人们相信，一个聪明的人应该努力去了解这三种思想。他们觉得每种思想都像一个工具，在生活的不同部分帮助他们。如果一个人知道这些思想，他就能做一个更好的父亲、工人或者朋友。然而，虽然这些思想很伟大，它们也给普通人带来了许多挑战。

Rújiā shì zhèngfǔ hé xìtǒng de jīchǔ. Tā gàosu rénmen yīnggāi zūnjìng zhǎngbèi, jiārén hé tǒngzhìzhě. Táng Tàizōng xiāngxìn, rúguǒ měi gè rén dōu tīngcóng Rújiā de guīzé, guójiā jiù huì ānquán. Yīnwèi zhège, xuéxí duì měi gè jiātíng dōu biàn de hěn zhòngyào. Zhèngfǔ tōngguò dàxíng kǎoshì lái xúnzhǎo zuì cōngming de rén dāngguān. Zhèxiē kǎoshì hěn nán, xūyào huā hěn duō nián zhǔnbèi. Wèi le tōngguò, xuésheng bìxū yòng yí bèizi de shíjiān qù dú Kǒngzǐ de jiù shū.

Rán'ér, tōngguò kǎoshì de mèngxiǎng jīngcháng gěi qióngrén jiātíng dàilái tòngkǔ hé sǔnshī. Yí gè gùshi jiǎng de shì yí gè jiào Lǐ xiānsheng de xuésheng. Tā zhù zài yí gè xiǎo cūnzhuāng lǐ, sānshí nián lái cóng zǎo xué dào wǎn. Wèi le mǎi tā xūyào de shū, tā de fùmǔ bùdébù mài diào tāmen de niú, shènzhì shì tāmen de yí bùfèn tǔdì. Tāmen chī

儒家是政府和系统的基础。它告诉人们应该尊敬长辈、家人和统治者。唐太宗相信，如果每个人都听从儒家的规则，国家就会安全。因为这个，学习对每个家庭都变得很重要。政府通过大型考试来寻找最聪明的人当官。这些考试很难，需要花很多年准备。为了通过，学生必须用一辈子的时间去读孔子的旧书。

然而，通过考试的梦想经常给穷人家庭带来痛苦和损失。一个故事讲的是一个叫李先生的学生。他住在一个小村庄里，三十年来从早学到晚。为了买他需要的书，他的父母不得不卖掉他们的牛，甚至是他们的一部分土地。他们吃

de hěn shǎo, wèi le ràng érzi yǒu jīhuì qù huánggōng gōngzuò. Dàn měi cì Lǐ xiānsheng cānjiā kǎoshì, tā dōu shībài le. Zhèngfǔ lǐ de wèizi hěn shǎo, què yǒu jǐ qiān rén xiǎng yào. Dāng Lǐ xiānsheng zuòwéi yí gè lǎorén huídào cūnzi shí, tā méiyǒu qián, jiārén yě bú zài le. Zhè zhǎnshì le suīrán kǎoshì ràng yìxiē rén nénggòu xiàng shàng zǒu, dàn tā yě huǐ diào le xǔduō rén de shēnghuó, zhèxiē rén bǎ suǒyǒu de dōngxi dōu huā zài le nàge méi néng shíxiàn de mèngxiǎng shàng.

Rújiā jiǎng de shì guīzé hé zérèn, ér Dàojiào jiǎng de shì dàzìrán hé hépíng. Hěn duō rén xǐhuan Dàojiào de sīxiǎng, yīnwèi nàxiē sīxiǎng jiǎndān érqiě lěngjìng. Tāmen xiāngxìn rénlèi yīnggāi yǔ dàzìrán hěn hǎo de xiāngchǔ, jiù xiàng shùmù huòzhě xiǎoniǎo yíyàng. Dàojiào jiàodǎo rénmen yòng ānjìng de xīn kàn shìjiè, bú yào dānxīn quánlì hé jīn

得很少，为了让儿子有机会去皇宫工作。但每次李先生参加考试，他都失败了。政府里的位子很少，却有几千人想要。当李先生作为一个老人回到村子时，他没有钱，家人也不在了。这展示了虽然考试让一些人能够向上走，但它也毁掉了许多人的生活，这些人把所有的东西都花在了那个没能实现的梦想上。

儒家讲的是规则和责任，而道教讲的是大自然和和平。很多人喜欢道教的思想，因为那些思想简单而且冷静。他们相信人类应该与大自然很好地相处，就像树木或者小鸟一样。道教教导人们用安静的心看世界，不要担心权力和金

qián. Yǒuxiē rén shènzhì qù shān lǐ zhù, wèi le xúnzhǎo ānjìng de shēnghuó. Tāmen kàn héliú hé fēng, qù liǎojiě shìjiè yùnxíng de yàngzi. Tāmen zhěngtiān huà dàshān de huà, huòzhě xiě guānyú yuèliang de dōngxi.

Dàn duì yìxiē rén lái shuō, Dàojiào zhǐshì táobì shìjiè wèntí de yì zhǒng fāngshì. Zài Tángcháo, shuìshōu tōngcháng hěn zhòng. Yìxiē nóngmín hé guānyuán huì qù shān lǐ, shuō tāmen shì zài xúnzhǎo "hépíng", dàn zhēnxiàng shì, tāmen zhǐshì zài duǒbì zhèngfǔ hé tián lǐ de xīnkǔ gōngzuò. Dāng shīrénmen miáoxiě dàshān de měilì shí, liú zài cūnzhuāng lǐ de rén bùdébù gèngjiā nǔlì de gōngzuò, qù zhīfù nàxiē "xúnzhǎo hépíng de rén" bú zài zhīfù de shuì. Duì dàzìrán de rè'ài hěn měi, dàn tā yě zhǎnshì le nàxiē yǒuqián bǎochí ānjìng de rén hé nàxiē bìxū gōngzuò cái néng huó xiàqù de rén zhījiān de jùlí.

钱。有些人甚至去山里住，为了寻找安静的生活。他们看河流和风，去了解世界运行的样子。他们整天画大山的画，或者写关于月亮的东西。

但对一些人来说，道教只是逃避世界问题的一种方式。在唐朝，税收通常很重。一些农民和官员会去山里，说他们是在寻找"和平"，但真相是，他们只是在躲避政府和田里的辛苦工作。当诗人们描写大山的美丽时，留在村庄里的人不得不更加努力地工作，去支付那些"寻找和平的人"不再支付的税。对大自然的热爱很美，但它也展示了那些有钱保持安静的人和那些必须工作才能活下去的人之间的距离。

Zài Tángcháo, Fójiào yě fēicháng yǒu lìliàng. Fójiào jiàodǎo rénmen yào réncí, bìng bāngzhù qítā tòngkǔ de rén. Zài chéngshì hé shān lǐ, yǒu hěn duō piàoliang de sìmiào, lǐmiàn yǒu jīnsè de fóxiàng. Zài tèbié de rìzi, jǐ qiān rén huì qù zhèxiē sìmiào biǎoshì zūnjìng. Tāmen huì dàilái xiānhuā hé shuǐguǒ, wèi fùmǔ hé háizi qídǎo. Dāng tāmen gǎndào nánguò shí, yě qù nàlǐ xúnzhǎo xīwàng. Duìyú yí gè qióng nóngmín lái shuō, kànzhe jùdà de jīn fó jiù xiàng zài hēi'àn de shìjiè lǐ kàndào yí dào guāng.

Rán'ér, Fójiào sìmiào biàn de tài yǒuqián, tài yǒu quánlì le. Sìmiào yōngyǒu hěn duō tǔdì, érqiě yīnwèi tāmen shì zōngjiào chǎngsuǒ, suǒyǐ bù xūyào xiàng huángdì jiāoshuì. Yǒuxiē héshang bǐ zhèngfǔ de guānyuán hái yǒuqián. Tāmen yǒu hěn duō púrén hé dà fángzi. Suízhe sìmiào biàn dà, zhèngfǔ néng fēn gěi nóngmín de tǔdì biàn shǎo le, néng yòng lái bǎo

在<u>唐朝</u>，<u>佛教</u>也非常有力量。<u>佛教</u>教导人们要仁慈，并帮助其他痛苦的人。在城市和山里，有很多漂亮的寺庙，里面有金色的佛像。在特别的日子，几千人会去这些寺庙表示尊敬。他们会带来鲜花和水果，为父母和孩子祈祷。当他们感到难过时，也去那里寻找希望。对于一个穷农民来说，看着巨大的金佛就像在黑暗的世界里看到一道光。

然而，<u>佛教</u>寺庙变得太有钱、太有权力了。寺庙拥有很多土地，而且因为它们是宗教场所，所以不需要向皇帝交税。有些和尚比政府的官员还有钱。他们有很多仆人和大房子。随着寺庙变大，政府能分给农民的土地变少了，能用来保

hù biānjìng de qián yě biàn shǎo le. Yǒuxiē rén kāishǐ juéde, sìmiào cóng guójiā názǒu le tài duō de dōngxi. Tāmen xiǎng zhīdào, wèishénme fóxiàng shàng de jīnzi bǐ nóngmín zhuō shàng de shíwù gèng zhòngyào. Zhè zài zhèngfǔ hé zōngjiào lǐngdǎozhě zhījiān zhìzào le jǐnzhāng, zhè zài yǐhòu huì dàilái dà wèntí.

Zài Tángcháo, zhè sān zhǒng sīxiǎng yǐ yì zhǒng fùzá de fāngshì zhù zài yìqǐ. Yí gè rén kěyǐ zài gōngzuò shí tīngcóng Rújiā de guīzé, zài jiā lǐ xǐhuan Dàojiào de sīxiǎng, bìng zài tèbié de rìzi qù Fójiào sìmiào qídǎo. Tángcháo de tǒngzhìzhě xǐhuan zhèyàng, yīnwèi zhè néng ràng rénmen bǎochí ānjìng. Dàn wéichí suǒyǒu zhèxiē sīxiǎng hé jiànzhù de yùnxíng yào huā hěn duō qián hé dōngxi. Xǔduō láizì qítā guójiā de xuésheng láidào Cháng'ān xuéxí zhèxiē wěidà de sīxiǎng. Tāmen huì bǎ shū dài huí Rìběn huòzhě Hánguó. Zhè

护边境的钱也变少了。有些人开始觉得，寺庙从国家拿走了太多的东西。他们想知道，为什么佛像上的金子比农民桌上的食物更重要。这在政府和宗教领导者之间制造了紧张，这在以后会带来大问题。

在唐朝，这三种思想以一种复杂的方式住在一起。一个人可以在工作时听从儒家的规则，在家里喜欢道教的思想，并在特别的日子去佛教寺庙祈祷。唐朝的统治者喜欢这样，因为这能让人们保持安静。但维持所有这些思想和建筑的运行要花很多钱和东西。许多来自其他国家的学生来到长安学习这些伟大的思想。他们会把书带回日本或者韩国。这

ràng Tángcháo zài quán shìjiè dōu hěn yǒumíng, dàn zhè zhǒng míngshēng shì jiànlì zài jǐ bǎi wàn pǔtōng rén de xīnkǔ gōngzuò zhī shàng de, ér zhèxiē rén cóngwèi zài shū lǐ bèi tídào.

Xuéxí bùjǐn shì gěi yǒuqián rén de, dàn duì qióngrén lái shuō, nà yīrán shì yì chǎng dòuzhēng. Jiàoyù jiù xiàng yí shàn xiàng měi gè nǔlì gōngzuò de rén dǎkāi de dàmén, dàn nà shàn mén fēicháng zhòng. Rúguǒ yí gè láizì xiǎo cūnzhuāng de nánhái xiǎng xuéxí, tā bìxū báitiān zài tián lǐ gōngzuò, wǎnshang duìzhe wēiruò de dēngguāng xuéxí. Dàduōshù rén gēnběn méiyǒu xué guò dúshū. Tāmen yí bèizi dōu zài nídì lǐ xīnkǔ gōngzuò, cóngwèi jiànguò nàxiē wěidà sīxiǎngjiā zài shuō shénme. Xuéxí de "huángjīn shídài" dàduō shì gěi nàxiē zài shàngmiàn de rén de, ér zài xiàmiàn de rén zhèng mángzhe xúnzhǎo tāmen de xià yí dùn fàn.

让<u>唐朝</u>在全世界都很有名，但这种名声是建立在几百万普通人的辛苦工作之上的，而这些人从未在书里被提到。

学习不仅是给有钱人的，但对穷人来说，那依然是一场斗争。教育就像一扇向每个努力工作的人打开的大门，但那扇门非常重。如果一个来自小村庄的男孩想学习，他必须白天在田里工作，晚上对着微弱的灯光学习。大多数人根本没有学过读书。他们一辈子都在泥地里辛苦工作，从未见过那些伟大思想家在说什么。学习的"黄金时代"大多是给那些在上面的人的，而在下面的人正忙着寻找他们的下一顿饭。

Tángcháo shì yí gè shēnkè sīkǎo hé dà mèngxiǎng de shídài. Wúlùn rénmen shì zài dú jiù shū háishi zài kàn yuèliang, tāmen dōu zài xúnzhǎo yì zhǒng lǐjiě shēnghuó de fāngshì. Zhè zhǒng duì xuéxí de rè'ài bāngzhù Tángcháo chéngwéi le lìshǐ shàng zuì wěidà de shídài zhī yī. Dàn wǒmen yě bìxū jìzhù, měi yí gè wěidà de sīxiǎng dōu yǒu dàijià. Piàoliang de shī hé jùdà de sìmiào, shì yóu měi gè rén de xīnkǔ gōngzuò cái biànchéng kěnéng de. Tángcháo shì yí gè chōngmǎn guāng de shìjiè, dàn nà dào guāng zǒngshì zài dìmiàn shàng liúxià yǐngzi.

唐朝是一个深刻思考和大梦想的时代。无论人们是在读旧书还是在看月亮，他们都在寻找一种理解生活的方式。这种对学习的热爱帮助唐朝成为了历史上最伟大的时代之一。但我们也必须记住，每一个伟大的思想都有代价。漂亮的诗和巨大的寺庙，是由每个人的辛苦工作才变成可能的。唐朝是一个充满光的世界，但那道光总是在地面上留下影子。

Dì Qī Zhāng:

Yìshù hé Wénhuà

Tángcháo shì yí gè yìshù hé wénhuà hěn zhòngyào de shídài. Zài nàshí, rénmen xiāngxìn chéngwéi zuòjiā huò huàjiā, hé chéngwéi shìbīng yíyàng shòudào zūnjìng. Zài Tángcháo, hěn duō rén xǐhuan shī. Yǒu yì zhǒng shuōfǎ shì, rúguǒ nǐ bú huì xiě shī, nǐ jiù bù néng dāngguān. Lián shìchǎng lǐ de rén huòzhě sìmiào lǐ de héshang yě huì xiě guānyú shēnghuó de shī. Tángcháo yǒu jǐ qiān shǒu shī, rénmen zhídào jīntiān hái zài dú. Zhèxiē shī xiàng wǒmen zhǎnshì le rénmen duì dàzìrán, péngyou hé jiā de kànfǎ.

Yǒu liǎng gè shīrén bǐ qítā suǒyǒu rén dōu gèng yǒu hàozhàolì. Tāmen de míngzi shì Lǐ Bái hé Dù Fǔ. Lǐ Bái shì yí gè rè'ài zìyóu hé dàzìrán de rén. Tā dàizhe jiàn

第七章：
艺术和文化

唐朝是一个艺术和文化很重要的时代。在那时，人们相信成为作家或画家，和成为士兵一样受到尊敬。在唐朝，很多人喜欢诗。有一种说法是，如果你不会写诗，你就不能当官。连市场里的人或者寺庙里的和尚也会写关于生活的诗。唐朝有几千首诗，人们直到今天还在读。这些诗向我们展示了人们对大自然、朋友和家的看法。

有两个诗人比其他所有人都更有号召力。他们的名字是李白和杜甫。李白是一个热爱自由和大自然的人。他带着剑

hé shū zǒubiàn le Zhōngguó. Tā xiě yuèliang, gāoshān hé shēnhé. Rénmen shuō tā de shī hěn piàoliang, jiù xiàng yǒu yì zhǒng lìliàng. Dāng Lǐ Bái kàn yuèliang shí, tā juéde yuèliang shì tā de péngyou. Tā céngjīng xiěguò yì shǒu zhùmíng de shī, jiǎng de shì kàn yuèliang bìng xiǎngniàn tā de jiā. Jīntiān Zhōngguó de háizi zài hěn xiǎo de shíhou jiù huì xuéxí zhè shǒu shī. Lǐ Bái de shī ràng rénmen gǎndào kuàilè, jiù xiàng zài tiānkōng fēi yíyàng. Tā bù guānxīn jīnqián, tā zhǐ guānxīn shìjiè de měilì. Rán'ér, hěn duō bù shízì de nóngmín cóngwèi tīngguò tā de míngzi. Duì tāmen lái shuō, yuèliang zhǐshì yí dào gàosu tāmen zài xīnkǔ gōngzuò yì tiān hòu gāi shuìjiào le de guāng.

Dù Fǔ hé Lǐ Bái bùtóng. Tā shēnghuó zài zhànzhēng hé máfan hěn duō de shídài. Tā de shī jiǎng de shì rénmen zhēnzhèng de shēnghuó hé tāmen gǎndào de tòngkǔ. Dù Fǔ zhù zài yí gè

和书走遍了<u>中国</u>。他写月亮、高山和深河。人们说他的诗很漂亮，就像有一种力量。当<u>李白</u>看月亮时，他觉得月亮是他的朋友。他曾经写过一首著名的诗，讲的是看月亮并想念他的家。今天<u>中国</u>的孩子在很小的时候就会学习这首诗。<u>李白</u>的诗让人们感到快乐，就像在天空飞一样。他不关心金钱，他只关心世界的美丽。然而，很多不识字的农民从未听过他的名字。对他们来说，月亮只是一道告诉他们在辛苦工作一天后该睡觉了的光。

<u>杜甫</u>和<u>李白</u>不同。他生活在战争和麻烦很多的时代。他的诗讲的是人们真正的生活和他们感到的痛苦。<u>杜甫</u>住在一个

yòng cǎo zuò de fángzi lǐ, jīngcháng méiyǒu zúgòu de shíwù. Tā guānxīn nàxiē yīnwèi dǎzhàng ér méiyǒu jiā de qióngrén. Tā xiě hánlěng de dōngtiān, xiě bèi pòhuài de jiātíng. Yīnwèi tā de shī zhǎnshì le lìshǐ zhōng fāshēng de zhēnshí shìqing, rénmen jiào tā "xiě lìshǐ de shīrén". Suīrán tā de shēnghuó hěn xīnkǔ, dàn Dù Fǔ cónglái méiyǒu tíngzhǐ xiězuò. Tā de shī bāngzhù wǒmen liǎojiě, Tángcháo de shēnghuó duì pǔtōng rén lái shuō tōngcháng shì hěn xīnkǔ de.

Huìhuà yě hěn zhòngyào. Huàjiāmen yòng máobǐ hé hēi mòshuǐ lái zhǎnshì tāmen zhōuwéi de shìjiè. Xǔduō huàjiā xǐhuan zhǎnshì huánggōng lǐ de rén huò jūnduì lǐ de qiángzhuàng de mǎ. Qítā rén xǐhuan huà gāogāo de shān hé ānjìng de hé. Yí wèi zhùmíng de huàjiā shì Wú Dàozǐ. Rénmen shuō tā de huà fēicháng zhēnshí, huà lǐ de xiǎoniǎo kànqilai jiù xiàng néng fēi zǒu yíyàng. Dàn zhèxiē huà dàduō shì gěi yǒuqián rén kàn

用草做的房子里，经常没有足够的食物。他关心那些因为打仗而没有家的穷人。他写寒冷的冬天，写被破坏的家庭。因为他的诗展示了历史中发生的真实事情，人们叫他"写历史的诗人"。虽然他的生活很辛苦，但杜甫从来没有停止写作。他的诗帮助我们了解，唐朝的生活对普通人来说通常是很辛苦的。

绘画也很重要。画家们用毛笔和黑墨水来展示他们周围的世界。许多画家喜欢展示皇宫里的人或军队里的强壮的马。其他人喜欢画高高的山和安静的河。一位著名的画家是吴道子。人们说他的画非常真实，画里的小鸟看起来就像能飞走一样。但这些画大多是给有钱人看

de. Nóngmín yǒngyuǎn kànbudào zhèxiē piàoliang de huà, yīnwèi tāmen bèi fàng zài huánggōng àn'àn de fángjiān lǐ, huòzhě guānyuán de dà fángzi lǐ. Yìshù shì yí gè zhǐyǒu shǎoshù rén néng pèngdào de mèngxiǎng.

Yīnyuè hé wǔdǎo yě shì Tángcháo wénhuà de yí dà bùfèn. Zài shǒudū Cháng'ān, nǐ néng zài jiēdào shàng tīngdào yīnyuè. Tángcháo duì láizì qítā dìfang de xīn yīnyuè hěn kāifàng. Láizì xīfāng de yuèqì biàn de hěn shòu huānyíng. Rénmen xǐhuan kàn wǔzhě suízhe gǔshēng tiàowǔ. Wǔzhě chuānzhe xiàng yún yíyàng cháng de yīfu. Lián huángdì hé tāmen de qīzi yě xǐhuan tiàowǔ. Zhè ràng huánggōng chéngwéi le yí gè chōngmǎn dēngguāng hé shēngyīn de dìfang. Dàn wǒmen bìxū jìzhù, hěn duō wǔzhě hé yīnyuèjiā shì bú zìyóu de. Tāmen jīngcháng bèi dài lí jiāxiāng, bìng bèi qiǎngpò wèi yǒuqián rén biǎoyǎn. Tāmen de shēnghuó chōngmǎn le yīnyuè, dàn tāmen de xīn tōng

的。农民永远看不到这些漂亮的画，因为它们被放在皇宫暗暗的房间里，或者官员的大房子里。艺术是一个只有少数人能碰到的梦想。

音乐和舞蹈也是<u>唐朝</u>文化的一大部分。在首都<u>长安</u>，你能在街道上听到音乐。<u>唐朝</u>对来自其他地方的新音乐很开放。来自西方的乐器变得很受欢迎。人们喜欢看舞者随着鼓声跳舞。舞者穿着像云一样长的衣服。连皇帝和他们的妻子也喜欢跳舞。这让皇宫成为了一个充满灯光和声音的地方。但我们必须记住，很多舞者和音乐家是不自由的。他们经常被带离家乡，并被强迫为有钱人表演。他们的生活充满了音乐，但他们的心通

cháng shì bēishāng de, yīnwèi tāmen bù néng huíjiā.

Xuéxí yìshù hé shī shì rénmen zhǎnshì zìjǐ cōngming de yì zhǒng fāngshì. Rúguǒ nǐ xiǎng dāngguān, nǐ bìxū zhīdào zěnme xiě shī. Rúguǒ nǐ qù jiàn péngyou, dàjiā huì xīwàng nǐ néng tánlùn shūběn. Zhè zhǒng duì yìshù de rè'ài ràng Tángcháo chéngwéi le yí gè duōcǎi de shídài. Zhè bùjǐn shì guānyú quánlì, zhè shì guānyú tóunǎo de měilì. Dàn zhè zhǒng měilì shì yǒu dàijià de. Yòng lái zhuāngshì sìmiào de jīnzi hé yòng lái zuò wǔzhě yīfu de sīchóu, dōu láizì nóngmín jiāo de shuì. Dāng guānyuánmen zài xiě guānyú xiānhuā de shī shí, nóngmínmen zhèngzài nídì lǐ gànhuó, wèi le zhīfù nàxiē huā de qián.

Jīntiān, wǒmen réngrán zài kàn Tángcháo de yìshù, dú Tángcháo de shī. Tāmen gàosu wǒmen, rénmen de gǎnjué hái

常是悲伤的，因为他们不能回家。

学习艺术和诗是人们展示自己聪明的一种方式。如果你想当官，你必须知道怎么写诗。如果你去见朋友，大家会希望你能谈论书本。这种对艺术的热爱让<u>唐朝</u>成为了一个多彩的时代。这不仅是关于权力，这是关于头脑的美丽。但这种美丽是有代价的。用来装饰寺庙的金子和用来做舞者衣服的丝绸，都来自农民交的税。当官员们在写关于鲜花的诗时，农民们正在泥地里干活，为了支付那些花的钱。

今天，我们仍然在看<u>唐朝</u>的艺术，读<u>唐朝</u>的诗。它们告诉我们，人们的感觉还

shi xiāngtóng de. Wǒmen réngrán xǐhuan yuèliang, réngrán guānxīn péngyou, réngrán zài xúnzhǎo měilì. Tángcháo de wénhuà gǎibiàn le Zhōngguó, chéngwéi le sòng gěi shìjiè de lǐwù. Tā zhǎnshì le yí gè guójiā bùjǐn zài dǎzhàng zhōng qiángdà, zài mèngxiǎng zhōng yě tóngyàng qiángdà. Dàn wǒmen yě yīnggāi jìzhù nàxiē xīnkǔ gōngzuò de pǔtōng rén, yīnwèi yǒu tāmen, zhèxiē mèngxiǎng cái néng cúnzài. Tāmen de míngzi bú zài shī lǐ, dàn tāmen de gōngzuò ràng yìshù biànchéng le kěnéng.

是相同的。我们仍然喜欢月亮，仍然关心朋友，仍然在寻找美丽。<u>唐朝</u>的文化改变了<u>中国</u>，成为了送给世界的礼物。它展示了一个国家不仅在打仗中强大，在梦想中也同样强大。但我们也应该记住那些辛苦工作的普通人，因为有他们，这些梦想才能存在。他们的名字不在诗里，但他们的工作让艺术变成了可能。

Dì Bā Zhāng:

Xīn Gōngjù hé Xīn Xiǎngfǎ

Tángcháo bùjǐn shì shīgē de shídài, tā yě shì yí gè yǒu xīn xiǎngfǎ hé xīn gōngjù de shídài. Rénmen hěn cōngming, xǐhuan xúnzhǎo jiějué wèntí de xīn fāngfǎ. Tāmen de yìxiē fāxiàn yǒngyuǎn gǎibiàn le shìjiè. Tāmen zhǎodào le gèng kuài zuò shū hé gèng fāngbiàn lǚxíng de fāngfǎ. Tāmen shènzhì wúyì zhōng fāxiàn le yìxiē gǎibiàn dǎzhàng fāngshì de dōngxi. Zhèxiē gōngjù ràng guójiā biàn de qiángdà, dàn yě gěi rénmen dàilái le xīn de tiǎozhàn.

Zhèshí zuì yǒumíng de yí jiàn shì shì zuò shū de xīn fāngfǎ. Zài Tángcháo yǐqián, rúguǒ nǐ xiǎng yào yì běn shū, bìxū yǒu rén yòng shǒu xiěxià měi yí gè zì. Zhè yào huā hěn cháng shíjiān, érqiě shū hěn guì. Zhǐyǒu yǒuqián rén cái néng mǎi

第八章：
新工具和新想法

<u>唐朝</u>不仅是诗歌的时代，它也是一个有新想法和新工具的时代。人们很聪明，喜欢寻找解决问题的新方法。他们的一些发现永远改变了世界。他们找到了更快做书和更方便旅行的方法。他们甚至无意中发现了一些改变打仗方式的东西。这些工具让国家变得强大，但也给人们带来了新的挑战。

这时最有名的一件事是做书的新方法。在<u>唐朝</u>以前，如果你想要一本书，必须有人用手写下每一个字。这要花很长时间，而且书很贵。只有有钱人才能买

shū. Zài Tángcháo, gōngrén xuéhuì zài dà mùkuài shàng kèzì. Zhè jiào diāobǎn yìnshuā. Gōngrén bìxū zuò hěn duō gè xiǎoshí, zǐxì de kè měi yí gè zì. Rúguǒ tāmen fàn le yí gè cuò, zhěng kuài mùtou jiù huài le. Tāmen zài mùtou shàng fàngshang mòshuǐ, ránhòu bǎ zhǐ àn zài shàngmiàn. Suīrán diāobǎn yìnshuā réngrán hěn guì, dàn tā bǐ shǒuchāo gèng kuài, gèng zhǔnquè. Zhè shǐde gèng duō de shū kěyǐ bèi zhìzuò chūlái, ràng rénmen zhǎo shū hé dúshū biàn de shāowēi róngyì le yìxiē.

Rán'ér, zhèngfǔ yě lìyòng zhège xīn gōngjù lái kòngzhì rénmen dú shénme. Tāmen zhǐ yìnshuā tāmen xǐhuan de shū. Suīrán yí gè xiǎo cūnzhuāng lǐ de nánhái xiànzài kěyǐ názhe shū le, dàn tā zhǐ néng dúdào zhèngfǔ yǔnxǔ de xiǎngfǎ. Zhīshi chuánbō de gèng kuài le, dàn tā yě zhèng bèi yǒu quánlì de rén gèng yángé de kànzhe.

书。在<u>唐朝</u>，工人学会在大木块上刻字。这叫雕版印刷。工人必须坐很多个小时，仔细地刻每一个字。如果他们犯了一个错，整块木头就坏了。他们在木头上放上墨水，然后把纸按在上面。虽然雕版印刷仍然很贵，但它比手抄更快、更准确。这使得更多的书可以被制作出来，让人们找书和读书变得稍微容易了一些。

然而，政府也利用这个新工具来控制人们读什么。他们只印刷他们喜欢的书。虽然一个小村庄里的男孩现在可以拿着书了，但他只能读到政府允许的想法。知识传播得更快了，但它也正被有权力的人更严格地看着。

Lìng yí gè fāxiàn fāshēng zài yì qún xiǎng

chángshēng bùlǎo de rén de fángjiān lǐ. Zhèxiē rén

bǎ yán hé hēi mùtàn děng bùtóng de dōngxi hùn zài

yìqǐ, xiǎng xúnzhǎo yì zhǒng shénqí de yào. Yì tiān,

fāshēng le dà huǒ, hái yǒu hěn dà de xiǎngshēng.

Tāmen wúyì zhōng fāxiàn le huǒyào! Qǐchū, tāmen

bǎ huǒyào yòng zài piàoliang de yānhuā zhōng.

Rénmen xǐhuan kàn yèkōng lǐ míngliàng de

dēngguāng. Dàn hòulái, zhèngfǔ kàndào zhè zhǒng

"yào" kěyǐ bèi yòng zài dǎzhàng zhōng. Tāmen

zuòchéng xiǎo zhàdàn rēng xiàng dírén. Zhège

fāxiàn kāishǐ yú yí gè chángshēng de mèngxiǎng, dàn

hòulái tā biànchéng le yí gè zài zhànchǎng shàng dài

gěi xǔduō rén sǐwáng de gōngjù.

Tángcháo rén shàncháng shǐyòng jiù gōngjù bìng

xúnzhǎo xīn gōngjù. Tāmen nǔlì xiūlǐ bìng shǐyòng

guòqù de wěidà gōngshuǐ xìtǒng, bǐrú Dūjiāngyàn.

Suīrán zhège xìtǒng hěn lǎo le, dàn Tángcháo

zhèngfǔ pài le xǔduō gōngrén qù xiūlǐ

另一个发现发生在一群想长生不老的人的房间里。这些人把盐和黑木炭等不同的东西混在一起，想寻找一种神奇的药。一天，发生了大火，还有很大的响声。他们无意中发现了火药！起初，他们把火药用在漂亮的烟花中。人们喜欢看夜空里明亮的灯光。但后来，政府看到这种"药"可以被用在打仗中。他们做成小炸弹扔向敌人。这个发现开始于一个长生的梦想，但后来它变成了一个在战场上带给许多人死亡的工具。

唐朝人擅长使用旧工具并寻找新工具。他们努力修理并使用过去的伟大供水系统，比如都江堰。虽然这个系统很老了，但唐朝政府派了许多工人去修理

tā, wèi le ràng tā néng bāngzhù gèng duō de nóngtián.

Tāmen hái fāmíng le xīn gōngjù. Tāmen zuò le yì zhǒng "shuǐchē", lìyòng héliú de lìliàng zìdòng bǎ shuǐ dài jìn tián lǐ. Tāmen hái shǐyòng le yì zhǒng gèng róngyì zhuǎnwān de xīn tiělí. Yīnwèi tāmen xiūlǐ le jiù xìtǒng bìng fāxiàn le xīn gōngjù, nóngmín kěyǐ zhòng chū gèng duō dàmǐ. Zhè bāngzhù le gèng duō rén yǒu zúgòu de shíwù chī.

Guānchá xīngxing yě tóngyàng zhòngyào. Tángcháo de sīxiǎngjiāmen zǐxì de guānchá xīngxing hé tàiyáng. Yí wèi jiào Sēng Yīxíng de héshang hěn cōngming. Tā qùguò hěn duō dìfang kàn dìqiú de yàngzi. Tā bāngzhù zuòchū le yì tái yòng shuǐ gōngzuò de fùzá jīqì lái xiǎnshì shíjiān. Zhè tái jīqì yǒuxiē bùfèn huì suízhe xīngxing yídòng. Tā zhǎnshì le rénmen liǎojiě zìrán hé gōngjù shì rúhé yìqǐ gōngzuò de. Dàn duì dà

它，为了让它能帮助更多的农田。

他们还发明了新工具。他们做了一种"水车"，利用河流的力量自动把水带进田里。他们还使用了一种更容易转弯的新铁犁。因为他们修理了旧系统并发现了新工具，农民可以种出更多大米。这帮助了更多人有足够的食物吃。

观察星星也同样重要。<u>唐朝</u>的思想家们仔细地观察星星和太阳。一位叫<u>僧一行</u>的和尚很聪明。他去过很多地方看地球的样子。他帮助做出了一台用水工作的复杂机器来显示时间。这台机器有些部分会随着星星移动。它展示了人们了解自然和工具是如何一起工作的。但对大

duōshù rén lái shuō, xīngxing réngrán shì yí gè mìmì. Tāmen lìyòng xīngxing lái qídǎo hǎo tiānqì, yīnwèi tāmen hàipà jī'è. Dāng sīxiǎngjiā kànzhe tiānkōng liǎojiě kēxué shí, nóngmín kànzhe tiānkōng bìng xīwàng xiàyǔ.

Tāmen hái wèi nóngmín zuò le xīn gōngjù. Yí gè zhòngyào de gōngjù shì dàiyǒu wānqū mùliáng de xīn tiělí. Yīnwèi tā yǒu húdù qiě hěn qīng, nóngmín hé yì tóu niú zài tián lǐ zhuǎnwān jiù róngyì de duō. Zhè ràng nóngmín néng gōngzuò de gèng kuài, zhòngxià gèng duō de zhǒngzi. Tāmen hái lìyòng dà shuǐchē bǎ héshuǐ dài jìn tián lǐ. Yīnwèi yǒu le gèng duō de shíwù, rénshù zēngzhǎng hěn kuài.

Cháyè shì lìng yí jiàn zhòngyào de shìqing. Yí gè jiào Lù Yǔ de rén xiě le yì běn guānyú chá de shū. Tā gàosu rénmen rúhé zhòng chá yǐjí rúhé zuòchū zuì hǎo de shuǐ. Tā xiāng

多数人来说，星星仍然是一个秘密。他们利用星星来祈祷好天气，因为他们害怕饥饿。当思想家看着天空了解科学时，农民看着天空并希望下雨。

他们还为农民做了新工具。一个重要的工具是带有弯曲木梁的新铁犁。因为它有弧度且很轻，农民和一头牛在田里转弯就容易得多。这让农民能工作得更快，种下更多的种子。他们还利用大水车把河水带进田里。因为有了更多的食物，人数增长很快。

茶叶是另一件重要的事情。一个叫陆羽的人写了一本关于茶的书。他告诉人们如何种茶以及如何做出最好的水。他相

xìn chá néng ràng yí gè rén de tóunǎo lěngjìng. Chá chéng le měi gè rén de shēnghuó lǐ de yí dà bùfèn, cóng huánggōng lǐ de yǒuqián rén dào cūnzhuāng lǐ de qióngrén. Mài chá chéng le yì mén dà shēngyi, gěi guójiā dàilái le qián. Dàn zài gāoshān lǐ cǎi cháyè de rén shēnghuó hěn xīnkǔ. Tāmen bìxū pá wēixiǎn de xiǎolù, zài lěngfēng zhōng gōngzuò, qù shōují nàxiē yǒuqián rén zài ānjìng de huāyuán lǐ xiǎngyòng de yèzi.

Jīntiān, wǒmen shǐyòng de hěn duō dōngxi dōu shǐyú Tángcháo. Měi dāng wǒmen dúshū, kàn yānhuā huòzhě hē chá shí, wǒmen dōu zài shǐyòng hěn jiǔ yǐqián rénmen de xiǎngfǎ. Zhèxiē dōngxi zhǎnshì le dāng rénmen xiǎng xuéxí shí, jiù néng zuòchū liǎobuqǐ de shìqing. Tāmen bú hàipà chángshì xīn shìwù. Dàn wǒmen yě yīnggāi jìzhù, zhèxiē gōngjù yǐ yìxiē bìng bù zǒngshì róngyì de fāngshì gǎibiàn le shìjiè. Zhège "wěidà de shídài" shì yí gè fāxiàn de

信茶能让一个人的头脑冷静。茶成了每个人的生活里的一大部分，从皇宫里的有钱人到村庄里的穷人。卖茶成了一门大生意，给国家带来了钱。但在高山里采茶叶的人生活很辛苦。他们必须爬危险的小路，在冷风中工作，去收集那些有钱人在安静的花园里享用的叶子。

今天，我们使用的很多东西都始于<u>唐朝</u>。每当我们读书、看烟花或者喝茶时，我们都在使用很久以前人们的想法。这些东西展示了当人们想学习时，就能做出了不起的事情。他们不害怕尝试新事物。但我们也应该记住，这些工具以一些并不总是容易的方式改变了世界。这个"伟大的时代"是一个发现的

shídài, dàn yě shì yí gè pǔtōng rén de shēnghuó bèi
zhèxiē tāmen wúfǎ kòngzhì de qiángdà gōngjù suǒ
gǎibiàn de shídài.

时代，但也是一个普通人的生活被这些
他们无法控制的强大工具所改变的时
代。

Dì Jiǔ Zhāng:
Tángcháo yǔ Shìjiè

Tángcháo jiù xiàng yí shàn xiàng quán shìjiè dǎkāi de jùdà dàmén. Rénmen bú hàipà bùtóng de wénhuà, tāmen hěn xīngfèn néng jiàndào xīn péngyou bìng xuéxí xīn shìwù. Zhè ràng Tángcháo chéngwéi le nàshí xǔduō guójiā de zhōngxīn. Jǐ qiān rén zǒuguò wēixiǎn de tǔdì láidào Zhōngguó. Yǒu de rén lái mǎimài dōngxi, yǒu de rén lái xuéxí huòzhě xúnzhǎo gèng hǎo de shēnghuó. Zhè zhǒng yǔ xīn péngyou jiànmiàn de shíjiān ràng Tángcháo biàn de qiángdà, dàn yě gěi biānjìng dàilái le hěn duō kùnnan de tiǎozhàn.

Duìyú zhèxiē lǚxíngzhě lái shuō, zuì zhòngyào de lù jiùshì Sīchóu zhī Lù. Zhè shì yì tiáo liánjiē Zhōngguó hé xīfāng de cháng lù, dàn tā bìng bù ānquán. Shāngrén yòng luòtuo bānyùn

第九章：
唐朝与世界

唐朝就像一扇向全世界打开的巨大大门。人们不害怕不同的文化，他们很兴奋能见到新朋友并学习新事物。这让唐朝成为了那时许多国家的中心。几千人走过危险的土地来到中国。有的人来买卖东西，有的人来学习或者寻找更好的生活。这种与新朋友见面的时间让唐朝变得强大，但也给边境带来了很多困难的挑战。

对于这些旅行者来说，最重要的路就是丝绸之路。这是一条连接中国和西方的长路，但它并不安全。商人用骆驼搬运

sīchóu, cháyè hé piàoliang de pánzi. Luòtuo hé tāmen de lǐnglùrén bìxū huā hěn duō gè yuè zǒuguò rèshā hé dàshān, nàlǐ de fēng xiàng dāozi yíyàng. Hěn duō lǚxíngzhě zài shāzi lǐ mí le lù, huòzhě sǐ yú hánlěng. Zài huílái de lùshàng, shāngrén dàilái le mǎ, bōli hé xiàng pútao, yángcōng zhèyàng de xīn shíwù. Sīchóu zhī Lù bùjǐn shì wèi le mài dōngxi, tā yě shì yì tiáo dàiqù xiǎngfǎ de lù. Fójiào jiùshì tōngguò zhè tiáo lù láidào Zhōngguó de, Zhōngguó de gōngjù yě shì tōngguò zhè tiáo lù chuándào qítā dìfang de. Zài lùbiān yǒu yìxiē xiǎo chéngshì, zài nàlǐ nǐ kěyǐ tīngdào bùtóng de yǔyán, kàndào rénmen chuānzhe xǔduō yàngzi de yīfu.

Zài shǒudū Cháng'ān, nǐ kěyǐ zhǎodào láizì gèdì de rén. Yǒu láizì Rìběn hé Hánguó de xuésheng, yǒu láizì Bōsī de shāngrén, hái yǒu láizì Yìndù de héshang. Yǒu

丝绸、茶叶和漂亮的盘子。骆驼和它们的领路人必须花很多个月走过热沙和大山，那里的风像刀子一样。很多旅行者在沙子里迷了路，或者死于寒冷。在回来的路上，商人带来了马、玻璃和像葡萄、洋葱这样的新食物。丝绸之路不仅是为了卖东西，它也是一条带去想法的路。佛教就是通过这条路来到中国的，中国的工具也是通过这条路传到其他地方的。在路边有一些小城市，在那里你可以听到不同的语言，看到人们穿着许多样子的衣服。

在首都长安，你可以找到来自各地的人。有来自日本和韩国的学生，有来自波斯的商人，还有来自印度的和尚。有

de rén yǒu lánsè de yǎnjing, yǒu de rén yǒu hēisè de tóufa. Tángcháo zhèngfǔ huānyíng zhèxiē rén, rúguǒ wàiguó rén hěn cōngming, zhèngfǔ hái yǔnxǔ tāmen gōngzuò. Zhè ràng Cháng'ān chéngwéi yí zuò duōcǎi de chéngshì. Nǐ kěyǐ chīdào xīfāng de shíwù, tīngdào nánfāng de yīnyuè. Huángdì wèi zhè zuò chéngshì gǎndào zìháo, bìng xiāngxìn yí gè wěidà de guójiā yīnggāi xiàng yí gè dà jiātíng. Dàn duìyú zhù zài nàlǐ de wàiguó rén lái shuō, shēnghuó kěnéng hěn xīnkǔ. Tāmen lí jiā hěn yuǎn, rúguǒ biānjìng fāshēng le zhànzhēng, rénmen kěnéng huì yòng hàipà huò shēngqì de yǎnguāng kàn tāmen.

Rán'ér, chéngwéi qiángguó yě yìwèizhe biānjìng jīngcháng yǒu dǎzhàng. Tángcháo yǒu yì zhī qiángdà de jūnduì, dàn wéichí zhè zhī jūnduì yào huā hěn duō qián, yě yào fùchū hěn duō shēngmìng. Zài hěn cháng yí duàn shíjiān lǐ, tāmen shì Yàzhōu zuì qiángdà de lìliàng. Dàn suízhe tāmen xiàng gèng yuǎn de xīfāng

的人有蓝色的眼睛，有的人有黑色的头发。唐朝政府欢迎这些人，如果外国人很聪明，政府还允许他们工作。这让长安成为一座多彩的城市。你可以吃到西方的食物，听到南方的音乐。皇帝为这座城市感到自豪，并相信一个伟大的国家应该像一个大家庭。但对于住在那里的外国人来说，生活可能很辛苦。他们离家很远，如果边境发生了战争，人们可能会用害怕或生气的眼光看他们。

然而，成为强国也意味着边境经常有打仗。唐朝有一支强大的军队，但维持这支军队要花很多钱，也要付出很多生命。在很长一段时间里，他们是亚洲最强大的力量。但随着他们向更远的西方

yídòng, tāmen yùdào le lìng yí gè jiào Dàshí (Ābásī) de qiángdà qúntǐ. Zhè liǎng gè qúntǐ dōu xiǎng kòngzhì Yàzhōu de zhōngxīn. Zài 751 nián, tāmen zài Dáluósī Hé fāshēng le yì chǎng dàzhàn. Zhè duì shìbīngmen lái shuō shì yí duàn hēi'àn ér tòngkǔ de shíjiān. Jǐ qiān rén zài rè de wúfǎ rěnshòu de tàiyáng xià dǎ le hǎo jǐ tiān zhàng.

Dáluósī Zhànyì duì Tángcháo jūnduì lái shuō yǐ bēishāng jiéshù. Zài zhàndòu zhōng, yìxiē dāying bāngzhù Tángcháo de qúntǐ tūrán gǎibiàn zhǔyi, jiārù le dírén. Zhè ràng Tángcháo jūnduì shūdiào le zhàndòu. Xǔduō Zhōngguó shìbīng zuòwéi fúlǔ bèi dàidào le yáoyuǎn de dìfang. Zài zhèxiē fúlǔ zhōng, yǒu zhīdào zěnme zuò zhǐ de gōngrén. Zài zhè yǐqián, zhǐyǒu Zhōngguó de rén zhīdào zhège mìmì. Yīnwèi zhèxiē gōngrén, zàozhǐ de fāngfǎ chuándào le xīfāng, bìng hòulái gǎibiàn le zhěnggè shìjiè. Suīrán jūnduì shū le dǎ

移动，他们遇到了另一个叫大食（阿拔斯）的强大群体。这两个群体都想控制亚洲的中心。在 751 年，他们在怛罗斯河发生了一场大战。这对士兵们来说是一段黑暗而痛苦的时间。几千人在热得无法忍受的太阳下打了好几天仗。

怛罗斯战役对唐朝军队来说以悲伤结束。在战斗中，一些答应帮助唐朝的群体突然改变主意，加入了敌人。这让唐朝军队输掉了战斗。许多中国士兵作为俘虏被带到了遥远的地方。在这些俘虏中，有知道怎么做纸的工人。在这以前，只有中国的人知道这个秘密。因为这些工人，造纸的方法传到了西方，并后来改变了整个世界。虽然军队输了打

zhàng, dàn Zhōngguó de xiǎngfǎ jìxù yídòng. Dàn duìyú nàxiē zài yě méiyǒu huíjiā de shìbīng lái shuō, "qiángguó" zhǐ yìwèizhe zài lí jiā hěn yuǎn de dìfang gūdān sǐqù.

Zài běifāng hé xīfāng yě yǒu qítā de máfan. Xǔduō qúntǐ xiǎng yào zhànlǐng Tángcháo fùyǒu de tǔdì. Zhèngfǔ bìxū huā gèng duō de qián, bìng zài biānjìng liú gèng duō de shìbīng lái bǎo ānquán. Yǒushí, tāmen tōngguò sòng xiàng sīchóu hé jīnzi zhèyàng ángguì de lǐwù lái jiāo péngyou. Zhè ràng nóngmín fùchū le hěn duō láodòng, yīnwèi tāmen bìxū wèi zhèxiē lǐwù jiāo gèng duō de shuì. Tángcháo de tǒngzhìzhě xiǎng yào hépíng, zhèyàng shìchǎng jiù néng kāizhe, dàn zhè zhǒng hépíng shì hěn guì de. Tāmen xiāngxìn tánhuà bǐ dǎzhàng hǎo, dàn yòng jīnzi hé sīchóu tánhuà ràng guójiā de kǒudài biàn kōng le.

Tángcháo yǔ shìjiè de gùshi zhǎnshì le yí gè wěidà de guó

仗，但<u>中国</u>的想法继续移动。但对于那些再也没有回家的士兵来说，"强国"只意味着在离家很远的地方孤单死去。

在北方和西方也有其他的麻烦。许多群体想要占领<u>唐朝</u>富有的土地。政府必须花更多的钱，并在边境留更多的士兵来保安全。有时，他们通过送像丝绸和金子这样昂贵的礼物来交朋友。这让农民付出了很多劳动，因为他们必须为这些礼物交更多的税。<u>唐朝</u>的统治者想要和平，这样市场就能开着，但这种和平是很贵的。他们相信谈话比打仗好，但用金子和丝绸谈话让国家的口袋变空了。

<u>唐朝</u>与世界的故事展示了一个伟大的国

jiā bù jǐnjǐn shì yíngdé zhànzhēng de guójiā. Tā shì yí gè néng fēnxiǎng xīn shìwù de guójiā. Tángcháo shì liánjiē dōngfāng hé xīfāng de qiáo. Rénmen réngrán jìde tā, zài nàshí shìjiè gǎnjué hěn xiǎo. Dàn wǒmen yě bìxū jìzhù zuòwéi yí zuò qiáo de dàijià. Tā yìwèizhe biānjìng duō nián de zhànzhēng, yǐjí guónèi rénmín chénzhòng de láodòng. Bèi fēnxiǎng de xiǎngfǎ cóngwèi líkāi, dàn dàizhe zhèxiē xiǎngfǎ de rén tōngcháng zài fēngshā zhōng shòukǔ.

Nàxiē zǒu zài Sīchóu zhī Lù shàng de rén, yǐjí sǐ zài biānjìng de shìbīng, dōu bāngzhù Tángcháo chéngwéi le tā xiànzài de yàngzi. Nà shì yí gè yǒu dà mèngxiǎng de shídài, dàn nàxiē mèngxiǎng xūyào dàliàng de jīnzi hé xiānxuè. Suízhe shíjiān yì nián nián guòqù, zhànzhēng de huāfèi hé huánggōng nèibù de máfan kāishǐ biàn de tài dà. Qián yuèláiyuè shǎo, rénmen kāishǐ gǎndào pílèi hé bù kāixīn. Nà shàn kāi le hěn

家不仅仅是赢得战争的国家。它是一个能分享新事物的国家。唐朝是连接东方和西方的桥。人们仍然记得它，在那时世界感觉很小。但我们也必须记住作为一座桥的代价。它意味着边境多年的战争，以及国内人民沉重的劳动。被分享的想法从未离开，但带着这些想法的人通常在风沙中受苦。

那些走在丝绸之路上的人，以及死在边境的士兵，都帮助唐朝成为了它现在的样子。那是一个有大梦想的时代，但那些梦想需要大量的金子和鲜血。随着时间一年年过去，战争的花费和皇宫内部的麻烦开始变得太大。钱越来越少，人们开始感到疲累和不开心。那扇开了很

jiǔ de jùdà dàmén kāishǐ biàn de chénzhòng le. Zài

xià yì zhāng, wǒmen jiāng kàndào zhèxiē chénzhòng

de wèntí zuìhòu rúhé dǎozhì le zhège huángjīn

shídài de jiéshù.

久的巨大大门开始变得沉重了。在下一章，我们将看到这些沉重的问题最后如何导致了这个黄金时代的结束。

Dì Shí Zhāng:

Huángjīn Shídài de Zhōngjié

Zài hěn cháng yí duàn shíjiān lǐ, Tángcháo shì shìjiè shàng zuì qiángdà, zuì piàoliang de guójiā. Dàn suízhe shíjiān yì nián nián guòqù, shìqing kāishǐ fāshēng biànhuà. Zài huánggōng lǐ, hòulái de huángdìmen kāishǐ gèng duō de guānxīn wánlè, ér bú nàme nǔlì gōngzuò le. Zhèxiē huángdì zhōng de yí gè shì Táng Xuánzōng. Kāishǐ shí, tā shì yí wèi hǎo de lǐngdǎozhě, xuǎnzé le cōngming de guānyuán. Zài tā de tǒngzhì xià, Tángcháo chǔyú zuìgāodiǎn. Dàn suízhe tā niánjì biàn dà, tā huā gèng duō de shíjiān hé yí wèi jiào Yáng Guìfēi de nǔrén zài yìqǐ. Tā bú zài tīng zhēnhuà. Tā bǎ quánlì gěi le tā de jiārén hé nàxiē duì guójiā bù hǎo de rén. Zhè ràng zhèngfǔ biàn ruò le, hěn duō rén biàn de bù kāixīn.

第十章：
黄金时代的终结

在很长一段时间里，唐朝是世界上最强大、最漂亮的国家。但随着时间一年年过去，事情开始发生变化。在皇宫里，后来的皇帝们开始更多地关心玩乐，而不那么努力工作了。这些皇帝中的一个是唐玄宗。开始时，他是一位好的领导者，选择了聪明的官员。在他的统治下，唐朝处于最高点。但随着他年纪变大，他花更多的时间和一位叫杨贵妃的女人在一起。他不再听真话。他把权力给了她的家人和那些对国家不好的人。这让政府变弱了，很多人变得不开心。

Zài zhèngfǔ nèibù, rénmen wèi le quánlì kāishǐ dòuzhēng. Biānjìng de jūnduì biàn de tài qiángdà le, jiāngjūnmen bù xiǎng zài tīng huángdì de huà. Zhèxiē lǐngdǎozhě zhōng de yí gè shì Ān Lùshān. Tā zài běifāng yǒu yì zhī jùdà de jūnduì. Tā kàndào huángdì méiyǒu liúxīn guójiā. Zài 755 nián, Ān Lùshān dàizhe tā de jūnduì qù jìngōng guójiā de zhōngxīn. Zhè jiùshì "Ān Shǐ zhī Luàn" de kāishǐ, zhè shì yì chǎng màncháng ér tòngkǔ de dǎzhàng, tā yǒngyuǎn gǎibiàn le Zhōngguó.

Dǎzhàng hěn bēishāng, chíxù le bā nián. Ān Lùshān de jūnduì zhànlǐng le shǒudū Cháng'ān. Céngjīng dàochù shì yīnyuè de jiēdào, xiànzài dàochù shì huǒ hé kūshēng. Táng Xuánzōng bùdébù táowǎng xīfāng lěngbīngbīng de shān lǐ. Zài cháng lù zhōng, tā de shìbīngmen biàn de hěn shēngqì. Tāmen yòu è yòu lèi, xiāngxìn Yáng Guìfēi de jiārén shì suǒyǒu máfan de

在政府内部，人们为了权力开始斗争。边境的军队变得太强大了，将军们不想再听皇帝的话。这些领导者中的一个是安禄山。他在北方有一支巨大的军队。他看到皇帝没有留心国家。在 755 年，安禄山带着他的军队去进攻国家的中心。这就是"安史之乱"的开始，这是一场漫长而痛苦的打仗，它永远改变了中国。

打仗很悲伤，持续了八年。安禄山的军队占领了首都长安。曾经到处是音乐的街道，现在到处是火和哭声。唐玄宗不得不逃往西方冷冰冰的山里。在长路中，他的士兵们变得很生气。他们又饿又累，相信杨贵妃的家人是所有麻烦的

yuányīn. Tāmen gàosu huángdì: "Rúguǒ Yáng Guìfēi hái huózhe, wǒmen jiù bú wèi nǐ dǎzhàng." Huángdì fēicháng tòngkǔ, dàn tā wèi zìjǐ de mìng gǎndào hàipà. Tā bùdébù hé tā ài de nǚrén shuō zàijiàn, wèi le bǎozhù tā de wèizi. Zhège gùshi hěn yǒumíng, dàn tā zhǎnshì le jíshǐ shì huángdì yě kěnéng biànchéng zìjǐ cuòwù de qiúfàn.

Suīrán Tángcháo jūnduì zuìhòu yíng le dǎzhàng, dàn guójiā zài yě hé yǐqián bù yíyàng le. Zhèngfǔ méi qián le, xǔduō nóngmín zhòng bù chū zúgòu de shíwù. Yīnwèi chángqī de zhànzhēng, xǔduō cūnzhuāng bèi huǐ, rénmen bùdébù líkāi jiāyuán qù xúnzhǎo ānquán dìfang. Nóngtián de gōngshuǐ xìtǒng huài le, méiyǒu rén qù xiūlǐ tāmen. "Huángjīn shídài" jiéshù le. Zài Xuánzōng zhīhòu de huángdìmen nǔlì xiǎng xiūbǔ guójiā, dàn Zhōngguó bùtóng dìfang de dāngdì lǐngdǎozhě

原因。他们告诉皇帝："如果杨贵妃还活着，我们就不为你打仗。"皇帝非常痛苦，但他为自己的命感到害怕。他不得不和他爱的女人说再见，为了保住他的位子。这个故事很有名，但它展示了即使是皇帝也可能变成自己错误的囚犯。

虽然唐朝军队最后赢了打仗，但国家再也和以前不一样了。政府没钱了，许多农民种不出足够的食物。因为长期的战争，许多村庄被毁，人们不得不离开家园去寻找安全地方。农田的供水系统坏了，没有人去修理它们。"黄金时代"结束了。在玄宗之后的皇帝们努力想修补国家，但中国不同地方的当地领导者

biàn de xiàng xiǎo guówáng yíyàng. Tāmen bǎ
shuìqián liú gěi zìjǐ, bù lǐcǎi shǒudū de mìnglìng.

Zài jiēxiàlái de niánfèn lǐ, yǒu le gèng duō de máfan.
Yǒu hěn duō nián dōu bú xiàyǔ, nóngmínmen biàn
de jī'è qiě juéwàng. Dāng rénmen méiyǒu xīwàng
shí, tāmen jiù kāishǐ dǎzhàng. Zài 874 nián, yí gè jiào
Huáng Cháo de rén dàilǐng yí dà qún shēngqì de rén
kāishǐ le yì chǎng xīn dǎzhàng. Tāmen zhànlǐng le
xǔduō chéngshì, gěi pǔtōng rén dàilái le gèng duō
de tòngkǔ. Tángcháo zhèngfǔ xiànzài tài ruò le, jiù
xiàng yì kē děngzhe dǎoxià de sǐ shù. Cháng'ān de dà
chéngqiáng xiànzài yòu pò yòu jiù. Shìchǎng kōng le,
hěn duō rén líkāi le jiā qù biéchù xúnzhǎo ānquán.

Zuìhòu, zài 907 nián, Tángcháo zhèngshì jiéshù le. Yí
wèi míngjiào Zhū Wēn de jiāngjūn zuòshang le
wèizi, Tángcháo jiā

变得像小国王一样。他们把税钱留给自己，不理睬首都的命令。

在接下来的年份里，有了更多的麻烦。有很多年都不下雨，农民们变得饥饿且绝望。当人们没有希望时，他们就开始打仗。在 874 年，一个叫<u>黄巢</u>的人带领一大群生气的人开始了一场新打仗。他们占领了许多城市，给普通人带来了更多的痛苦。<u>唐朝</u>政府现在太弱了，就像一棵等着倒下的死树。<u>长安</u>的大城墙现在又破又旧。市场空了，很多人离开了家去别处寻找安全。

最后，在 907 年，<u>唐朝</u>正式结束了。一位名叫<u>朱温</u>的将军坐上了位子，<u>唐朝</u>家

zú shīqù le suǒyǒu quánlì. Zhōngguó zàicì biànchéng le hěn duō xiǎo kuài, hěn duō nián dōu zài dǎzhàng. Dàn suīrán wángcháo bú zài le, tā gěi shìjiè de dōngxi bìng méiyǒu sǐdiào. Lǐ Bái hé Dù Fǔ de shī réngrán bèi měi gè rén dúzhe. Yìnshuā shū de xīn fāngfǎ hé Fójiào de sīxiǎng dōu liúzài le rénmín shēnbiān. Tángcháo de jìyì liúzài le rénmen xīn lǐ, zuòwéi yí gè wěidà ér kāifàng shìjiè de mèngxiǎng.

Tángcháo de gùshi gàosu wǒmen, rúguǒ lǐngdǎozhě bú zài guānxīn rénmín, jíshǐ zuì wěidà de shídài yě huì jiéshù. Tā tíxǐng wǒmen quánlì hé jīnzi bú yǒngyuǎn cúnzài. Dàn tā yě gàosu wǒmen, piàoliang de yìshù hé wěidà de sīxiǎng kěyǐ zài zuì hēi'àn de shíjiān lǐ huó xiàlái. Tángcháo bù jǐnjǐn shì yí gè guówáng de jiāzú, tā shì yí dào guāng, zhǎnshì le dāng rénlèi yìqǐ gōngzuò shí néng zuòchū shénme. Jīntiān, dāng rénmen huíkàn Zhōngguó, tā

族失去了所有权力。中国再次变成了很多小块，很多年都在打仗。但虽然王朝不在了，它给世界的东西并没有死掉。李白和杜甫的诗仍然被每个人读着。印刷书的新方法和佛教的思想都留在了人民身边。唐朝的记忆留在了人们心里，作为一个伟大而开放世界的梦想。

唐朝的故事告诉我们，如果领导者不再关心人民，即使最伟大的时代也会结束。它提醒我们权力和金子不永远存在。但它也告诉我们，漂亮的艺术和伟大的思想可以在最黑暗的时间里活下来。唐朝不仅仅是一个国王的家族，它是一道光，展示了当人类一起工作时能做出什么。今天，当人们回看中国，他

men réngrán juéde Tángcháo shì yí gè yǒuzhe dà mèngxiǎng de shídài. Zhè shì yí gè rénmen yǒngyuǎn bú huì wàngjì de jīngshén, suīrán gōngdiàn yǐjīng biànchéng le huīchén. Tángcháo de xīn jīntiān réngrán huózài wǒmen kěyǐ kàndào de wénzì hé yìshù lǐ.

们仍然觉得<u>唐朝</u>是一个有着大梦想的时代。这是一个人们永远不会忘记的精神，虽然宫殿已经变成了灰尘。<u>唐朝</u>的心今天仍然活在我们可以看到的文字和艺术里。

The Tang Dynasty: The Golden Age

Chapter 1: The World Before the Tang Dynasty

In the final years of the Sui dynasty, China was a place filled with fear and anger. It looked like one country, but in the hearts of the people, it was divided. Emperor Yang of Sui sat in the middle of the country and sent orders to officials far away. It looked like China was united. In daily life, however, many places were already not listening to the Emperor. The soldiers in the north and the farmers in the south saw that the palace cared more about big buildings than about their lives.

The Sui dynasty had ended many years of fighting. Before the Sui, different leaders controlled different regions, and war was common. The Sui defeated these other leaders and placed all of China under one ruler. At first, people in many towns believed life would become better. Roads were repaired, and laws became the same in many places. Officials were sent to towns and villages to keep order. Farmers hoped they could finally plant their crops in peace. But this peace did not last long because the Emperor wanted to do too many things at the same time.

Emperor Yang believed that large projects made a country look great. He wanted to show the world that China was rich and powerful. He ordered millions of people to build a long canal. This canal connected the north and the south of China. It was a long water road made by human hands. It was useful for moving rice and goods from the warm south to the cold north, but the cost of building it was heavy. For the people who built it, it was a time of pain and death.

Men and women had to leave their farms to work on the canal. They worked for many months without going home. They worked in the cold rain of winter and the hot sun of summer. Many people became sick because they were tired and hungry. If they stopped working, the soldiers were harsh. Many people died near the water they were digging. Because the farmers were away, the fields were empty. In many villages, children and old people had nothing to eat. They became angry with the Emperor. They saw that the Emperor's new water road was built on the lives of their family members.

At the same time, Emperor Yang started many wars. He wanted to take more land in the east and the north. He sent his army to fight far away. These wars cost a lot of money and goods. To pay for the wars, the government told the people to pay more taxes. Many young men were sent to fight, and they did not return home. The people began to say that the Emperor had lost his way. They felt that he was a leader who only cared about his own pride, not about the hunger in the villages.

In the north, military towns became places to watch and wait. These towns were near the borders. The soldiers there were strong, but they were unhappy. They trained every day, but they saw that the country was falling apart. Commanders heard news of rebellion in the south. They saw that the roads used to move food could not be used. Some leaders still followed the Sui court because they were afraid. Others began to think about a new future for China. They realized that a country could not stay together if the people had no hope.

One of these leaders was Li Yuan. He came from a powerful family and commanded many troops in the north. He was an experienced official who knew how to lead men. Like other commanders, he watched events carefully. He lived in a city called Taiyuan. From there, he saw the court lose control and the rebellions grow stronger every day. He did not act at once. He was a careful man who wanted to make sure the time was right before he risked his family's life.

Li Yuan's son, Li Shimin, was young, brave, and smart. He saw the trouble in the country and talked to his father every day. He told his father, "The Sui Emperor is like a falling building. If we stay inside, we will fall too. We must build a new and safe home for the people." Li Yuan listened to his son's words. He looked at his soldiers and he looked at the hungry people. He knew that starting a new dynasty was a dangerous thing, but he also knew that China could not continue like this.

By the end of the Sui dynasty, the situation had become much worse. Many people hoped for a new ruler who could bring peace. They wanted a leader who would let them return to their farms and families. The old dynasty was still there, but it was like an old tree with no roots. Everyone was waiting for a great wind to blow it down so that something new could grow. The people were tired of the old rules and were ready for a new beginning.

The world before the Tang dynasty was a time of great pressure. The Sui rulers had built amazing things, but they had also pushed the people too far. They forgot that a country is made of people, not just palaces and canals. From this difficult period, a new story was about to begin.

In the next chapter, we will see how Li Yuan and his family took a risk to start the Tang dynasty and try to fix a broken world.

Chapter 2:
The Founding of the Tang Dynasty

By the year 617, the Sui dynasty was like a house on fire. In every part of China, people were fighting against the government. Emperor Yang fled to the south, leaving the north without a strong leader. In the city of Taiyuan, Li Yuan saw that he could not wait any longer. His son, Li Shimin, and his trusted friends told him that the time for change had come. They said that if Li Yuan did not act, someone else would take the country.

Li Yuan was a careful man, but he was also a soldier. He raised a large flag in Taiyuan to show that he was starting a new army. Many men came to join him. They were tired of the Sui and wanted a leader who was fair. Li Yuan promised his soldiers that they were fighting to bring peace back to the people. This was the start of the Army of Righteousness. However, starting an army was a dangerous risk. If they lost, Li Yuan and his whole family would be killed.

The goal was to take Chang'an, which we now call Xi'an. It was the capital and the heart of the country. But the road to the capital was not easy. There were Sui soldiers who still wanted to fight. There were also heavy rains that turned the roads into mud. Food became hard to find, and some of Li Yuan's followers were afraid. They thought about going back to Taiyuan because they were hungry and cold.

But Li Shimin would not turn back. He stood in the rain and cried because he did not want his father to give up. He told the army, "If we go back now, we lose everything. If we go forward, we can save China." Li Yuan listened to his son's heart. He ordered the army to move forward. Soon, the sun came out, and their luck began to change. They won many small battles, but these victories had a cost. Many soldiers on both sides died in the mud, and many families lost their sons.

In the winter of 617, Li Yuan's army finally reached the gates of the capital city. After a short fight, they took the city. Li Yuan tried to be kind to the people there. He told his soldiers not to take things from the houses or hurt the families. This made the people in the capital happy. They saw that Li Yuan was different from the Sui rulers. But some people were still worried. They wondered if this new leader would truly be different or if he would become another heavy stone on their backs.

At first, Li Yuan did not call himself Emperor. He put a young Sui prince on the throne. But it was clear that Li Yuan had the real power. A few months later, news came from the south that Emperor Yang was dead. The Sui dynasty was now over. On June 18, 618, Li Yuan let everyone know that a new dynasty had started. He called it the Tang Dynasty. He became the first Emperor of Tang, known as Emperor Gaozu.

However, the country was not yet at peace. Other leaders in different parts of China also wanted to be Emperor. They had their own armies and their own cities. Emperor Gaozu knew that the Tang dynasty could only survive if the whole country became one again. He spent the next few years working to make the government strong. He reduced taxes to help the farmers, but the government still needed money for the army. This meant the farmers still had to work hard.

While the Emperor worked in the capital, his sons went out to fight. Li Shimin showed everyone that he was a leader with great ability. He led his troops across many mountains and rivers. He was a leader who ate the same food and slept on the same cold ground as his soldiers. Because of this, his men fought hard for him. One by one, the other leaders were defeated. This brought peace, but it also made Li Shimin powerful, perhaps too powerful.

By the year 624, most of China was under Tang control. However, building a new country was not just about winning wars. While Emperor Gaozu worked to make new laws in the palace, his sons were fighting for more power. Li Shimin had won many battles, and the army was loyal to him. But his brothers were jealous and afraid. This success created a new danger within the family.

In the next chapter, we will see how the Tang dynasty faced a great crisis, and how a difficult choice changed the future of China forever.

Chapter 3:
The First Rulers of Tang

After the Tang dynasty was born, the country began to change. The first Emperor, Li Yuan, was now known as Emperor Gaozu. He worked hard in the capital city to make new laws. He wanted to help the people after many years of war. However, inside the palace, there was no peace. Emperor Gaozu was getting old, and his sons were fighting for power. The oldest son was the crown prince, but the second son, Li Shimin, was a successful general. The soldiers and the people loved Li Shimin because he was brave. This created a dangerous problem between the brothers.

The oldest brother and the third brother were afraid of Li Shimin. They thought that if they did not act first, Li Shimin would take the throne. They began to plan against him and told their father bad things about him. At the same time, Li Shimin's friends told him, "Your brothers want to kill you. You must act now, or you will lose your life." Li Shimin was in deep pain. He loved his family, but he also wanted to save himself and the country. He knew that to lead China, he would have to do something that people would never forget.

On a cold morning in 626, Li Shimin made a difficult choice. This event is known as the Xuanwu Gate Incident. Li Shimin and his men waited at one of the palace gates. When his brothers arrived, a fight broke out. It was a sad and bloody day. In the end, both of his brothers were killed. Li Shimin had won, but he had lost his family by his own hand. This was the painful price he paid for power. Some people in the palace were afraid of him because they saw how cold he could be to his own blood.

Soon after this, Emperor Gaozu gave the throne to Li Shimin. Li Shimin became the second Emperor of Tang, known as Emperor Taizong. He knew that the people were watching him. Many were afraid because of how he became Emperor. Taizong decided that the only way to show he was a good leader was to make the lives of the people better. He wanted to be a mirror of a great king, but he also knew that his past would always be part of his story.

Emperor Taizong started the Rule of Zhenguan, a time of peace. He was different from the Sui rulers because he forced himself to listen to others. He told his officials, "I am like a person looking in a mirror. You are my mirror. If I do something wrong, you must tell me." One official named Wei Zheng was brave. He often told the Emperor when he was making a mistake. Sometimes the Emperor became angry and wanted to punish Wei Zheng, but he controlled himself. He knew that a leader who does not hear the truth will soon fall.

Under Taizong, the government became fair. He made sure that the taxes were low so that farmers could have enough food for their children. He also opened schools and allowed more people to take tests to become officials. It did not matter if you were from a poor family; if you were smart and worked hard, you could work for the Emperor. However, life was still hard for many. Soldiers had to stay at the cold borders for years, far from their homes. Their families missed them and often struggled to work the farms alone.

The capital city, Chang'an, became a large city. People from many different countries came to visit. There were markets selling silk, tea, and beautiful things from far away. Taizong welcomed everyone. He said that a great country should not be afraid of new ideas. But as he grew older, he became proud. He spent more money on his own palaces and sometimes stopped listening to his mirrors. He forgot some of the lessons he had learned when he was younger.

Taizong also sent his army to make the borders safe. He did not want more wars, but he wanted to protect China. Because he was successful, many leaders from other lands came to Chang'an to show respect. They called him the "Heavenly Khan," which meant the great leader of all. China was finally united and strong again, but the price of this strength was the hard work and sacrifice of many ordinary people.

Even with all this success, Taizong felt that he needed to understand the world more deeply. This was why, when he heard about a monk who wanted to go to the west to find knowledge, he became interested. This monk was Xuanzang. He wanted to go where no Chinese man had gone before.

In the next chapter, we will follow Xuanzang as he leaves the safe walls of Chang'an to go on a journey that would change history and the way people thought about the world.

Chapter 4:
The Great Traveler: Xuanzang

While Emperor Taizong was working to make the country strong, a young monk named Xuanzang was preparing for a different kind of work. Xuanzang lived in the city of Chang'an. He was a smart man who spent his days reading books about Buddhism. He wanted to understand the deep meaning of life and why people suffer. However, he had a big problem. He found that many Chinese books about Buddhism were different from each other. Some books said one thing, and others said something else. Xuanzang felt this was strange and confusing. He thought, "If I do not find the original books from the west, I will never know the truth."

Xuanzang decided that he must go to India. At that time, reaching India was a long and difficult journey. To get there, a traveler had to cross high mountains and hot deserts. Also, there was a law that said people were not allowed to leave the country because the borders were not safe. Xuanzang asked for help many times, but the government said no. But Xuanzang's heart was firm. He believed his dream was more important than the law. In the year 629, he decided to leave in the middle of the night, like a man running away from a crime. He carried only a few things on his horse. He was alone, and the path ahead was dark and full of danger.

Xuanzang traveled toward the west, away from the safe walls of Chang'an. Soon, he reached a huge desert. It was a place of extreme danger. There was no water, and the sun was so hot that the sand felt like fire. Xuanzang saw the bones of animals and people who had died in the sand. At one point, he accidentally lost all of his water bags. For four days and five nights, he had nothing to drink. He felt his body becoming weak, and his throat was like dry wood. He began to see things that were not there. He thought he heard strange voices in the wind and saw evil spirits in the sand. He fell to the ground, but he still wanted to move forward. He said, "I would rather die going west for the truth than live by going back to the east." Finally, his horse found a small place with water, and he was saved.

After the desert, Xuanzang reached high mountains. The mountains were covered in deep snow and ice that never melted. The wind was cold and strong, making it hard to stand. Many people who had joined him on the road became sick and died because of the cold. Xuanzang had to walk past their bodies in the snow. He was often hungry and tired, and his feet were bleeding, but he never stopped. He climbed over the highest ice and walked through the deepest snow. Finally, after more than a year of walking and suffering, he reached India. He was thin and his clothes were old, but his eyes were full of joy.

In India, Xuanzang visited many famous temples and met many smart teachers. He stayed at a large school called Nalanda for many years. It was a place with thousands of books and thousands of students. Xuanzang spent his days and nights studying. He learned to speak and read the languages of India. He talked with the best teachers and asked them many questions. But he also found that even in India, smart people argued a lot about what was true. Sometimes, the different ideas made him feel tired. He realized that finding the truth was a long and difficult fight. Soon, many people in India heard about the great monk from the

Tang dynasty. Even the powerful kings of India wanted to meet him and give him gold, but Xuanzang only wanted to learn.

After sixteen years, he decided it was time to return to China. He had collected hundreds of books and many beautiful statues. He used many horses to carry these treasures across the mountains again. When he reached the border of China, he was worried. He remembered that he had left many years ago without a permit. He wrote a long letter to Emperor Taizong to explain his journey and the things he had found. To his surprise, the Emperor was not angry. Emperor Taizong was now a leader who wanted to learn about the world and use Xuanzang's knowledge. He sent many officials to meet Xuanzang and bring him back to the capital city.

When Xuanzang entered Chang'an, it was a day of celebration. Thousands of people came to the streets to see the man who had walked to India and back. They threw flowers and played music. Emperor Taizong met with Xuanzang in the palace. The Emperor was interested in the western lands because he wanted to know more about the armies and the roads there. He asked Xuanzang to work for the government as a high official. But Xuanzang said, "I thank you, but I only want to work on my books." He did not want power; he wanted to share the truth he had found.

The Emperor gave Xuanzang a quiet temple. For the next twenty years, Xuanzang and other monks worked hard every day. They took the Indian words and carefully changed them into Chinese words so everyone could read them. It was difficult and tiring work. Xuanzang often felt sick because of his long years of suffering in the desert and the mountains. But he never stopped. He also wrote a famous book about the mountains, the rivers, and the people he had met. This book helped the Tang government understand the world, but for Xuanzang, it was a memory of a journey that had cost him his youth and his health.

Xuanzang's journey changed China forever. He brought new ideas, new art, and new knowledge to the Tang dynasty. But he was more than a traveler; he was a man who showed the price of a dream. He was not a soldier with a sword, but he was as brave as any general. Even today, people in China still love to tell stories about him. While the famous story *Journey to the West* is about magic, the real story of Xuanzang is about a man who was often afraid and alone, but who kept walking because he believed in the truth.

Chapter 5:
Life of Ordinary People

In the Tang dynasty, life was lively, especially in the capital city of Chang'an. Imagine walking through the city gates early in the morning. You would see wide streets and thousands of people. Chang'an was like a large grid, with many small neighborhoods called *fang*. Each neighborhood had walls and gates that closed at night. During the day, the city was full of noise and colors. If you were an ordinary person in Chang'an, you would hear the sound of bells in the morning. This told you that the gates of the fang were open and it was time to start your work.

However, life in the city also had many strict rules. One story tells of a merchant named Mr. Wang. One evening, he stayed too long at a friend's house and did not hear the drums that told people to go home. The fang gates closed and he was stuck in the street. In the Tang dynasty, being outside after the gates closed was a crime. Mr. Wang had to hide in the shadows because he was afraid of the guards. If they caught him, he would be punished or beaten. This shows that while the city was large and beautiful, the laws could be harsh for ordinary people who made small mistakes.

Most people in the city were merchants or craftsmen. A typical day might start with a bowl of hot tea. Tea was becoming popular during the Tang dynasty. People also loved to eat bread. A kind of flat bread with seeds on top, called *hu bing*, was famous. It came from the west, but everyone liked to eat it. You could buy it at a small shop on the corner for a low price. But life for a shop owner was hard work. They had to pay for their space in the market and work many hours to earn enough money for their families.

The most exciting places in the city were the markets. There was an East Market and a West Market. The West Market was special because merchants from faraway countries came there. You could find horses from the north and strange fruits from the west. People did not just go there to buy things; they went there to hear news. The market was full of signs and people speaking different languages. But the markets were also crowded and noisy. Sometimes, people would argue or fight over prices. It was a world of both beauty and struggle.

However, most people in China lived in small villages as farmers. For a farmer, life was simple but difficult. They woke up before the sun and worked in the fields all day. In the north, they grew wheat. In the south, they grew rice. While Emperor Taizong made the taxes lower, farmers still lived with fear. If there was no rain for a long time, the crops would die, and the family would have nothing to eat. They had to give a part of their grain to the government, even in bad years. Nature could be cruel, and a farmer's hard work could be destroyed in a single day.

Families were the heart of life. Usually, many people lived in one house. Grandparents, parents, and children all stayed together and helped each other. Children were told to respect their elders from a young age. At dinner time, the whole family would sit together and share a meal of grain and vegetables. They would talk about their worries and their hopes for the future. They knew that they had to stay together to survive in a world that was often changing.

In their free time, people loved to have fun. Men and women liked to play polo on horses. It was a fast game, but it was also dangerous. People often fell and got hurt. Others liked to play music or write simple poems. On festival days, the gates stayed open all night, and the streets were full of lights. People watched dancers and listened to loud music. Even the poorest people felt happy during these festivals, but they knew that the next day, the hard work would start again.

Education was becoming more important. Because the government held tests to find officials, many fathers hoped their sons would study hard. A boy from a small village could become a great official if he could read and write. This dream made many families work hard to buy books. But the tests were difficult, and many students failed. They would spend years studying, only to find that they could not pass. This brought a lot of pain to families who had spent all their money on education.

Life in the Tang dynasty was full of change and color, but it was also a struggle for many ordinary people. They were open to new things, but they also had to follow strict laws and deal with the power of nature. Whether you were a merchant in a market or a farmer in a village, you were part of a world that was growing but often difficult. The Tang dynasty was a time for everyone, but everyone had to work hard to find their place in it.

Chapter 6:
Ideas, Beliefs and Learning

In the Tang dynasty, people did not just care about food and work; they also cared about ideas and how to live a good life. Three main ways of thinking were important: Confucianism, Daoism, and Buddhism. These ideas were like three rivers that flowed together to make the culture of the Tang dynasty rich. People believed that a smart person should try to understand all three. They thought each idea was like a tool that helped them in a different part of their lives. If a person knew these ideas, they could be a better father, worker, or friend. However, while these ideas were great, they also brought many challenges to the ordinary people.

Confucianism was the base of the government and society. It told people that they should respect their elders, their families, and their rulers. Emperor Taizong believed that if everyone followed the rules of Confucianism, the country would be safe. Because of this, learning became important for every family. The government held large tests to find the smartest men to become officials. These tests were difficult and took many years to prepare for. To pass, students had to spend their whole lives reading the old books of Confucius.

However, the dream of passing the test often brought pain and loss to poor families. One story tells of a student named Mr. Li. He lived in a small village and studied from morning until night for thirty years. To buy the books he needed, his parents had to sell their cow and even a part of their land. They lived on very little food so their son could have a chance to work in the palace.

But every time Mr. Li took the test, he failed. There were only a few places in the government, and thousands of people wanted them. When Mr. Li returned to his village as an old man, he had no money and his family was gone. This shows that while the tests allowed some people to move up, they also destroyed the lives of many others who spent everything they had on a dream that did not come true.

While Confucianism was about rules and duty, Daoism was about nature and peace. Many people loved Daoist ideas because they were simple and calm. They believed that humans should live well with nature, just like trees or birds. Daoism taught people to look at the world with a quiet heart and not to worry about power or money. Some people even went to live in the mountains to find a quiet life. They looked at the rivers and the wind to understand how the world moves. They spent their days painting pictures of mountains or writing poems about the moon.

But for some, Daoism was just a way to run away from the problems of the world. In the Tang dynasty, the taxes were often heavy. Some farmers and officials would go to the mountains and say they were looking for peace, but in truth, they were just hiding from the government and the hard work of the fields. While the poets wrote about the beauty of the mountains, the people who stayed in the villages had to work even harder to pay the taxes that the peace-seekers no longer paid. The love for nature was beautiful, but it also showed a gap between those who could afford to be quiet and those who had to work to survive.

Buddhism was also powerful during the Tang dynasty. Buddhism taught people to be kind and to help others who were in pain. In the cities and in the mountains, there were many beautiful temples with gold statues of Buddha. On special days, thousands of people would visit these temples to show their respect. They would bring flowers and fruit to pray for their parents and children. They also went there to find hope when they felt sad. For a poor farmer, looking at the large, gold Buddha was like seeing a light in a dark world.

However, the Buddhist temples became too rich and powerful. The temples owned a lot of land, and because they were religious places, they did not have to pay taxes to the Emperor. Some monks became richer than the officials in the government. They had many servants and large houses. As the temples grew, the government had less land to give to the farmers and less money to protect the borders. Some people began to feel that the temples were taking too much from the country. They wondered why the gold on the statues was more important than the food on a farmer's table. This created tension between the government and the religious leaders that would cause big problems in the future.

In the Tang dynasty, these three ideas lived together in a complex way. A person could follow Confucian rules at work, like Daoist ideas at home, and go to a Buddhist temple to pray. The Tang rulers liked this because it helped the people stay quiet. But keeping all these ideas and buildings running cost a lot of resources. Many students from other countries came to Chang'an to study these great ideas. They would take books back to Japan or Korea. This made the Tang dynasty famous all over the world, but it was a fame built on the hard work of millions of ordinary people who were never mentioned in the books.

Learning was not just for the rich people, but it was still a struggle for the poor. Education was like a door that was open to everyone who worked hard, but that door was heavy. If a boy from a small village wanted to learn, he had to work in the fields during the day and study by a small light at night. Most people never learned to read at all. They spent their lives working in the mud and never knew what the great thinkers were talking about. The golden age of learning was mostly for the people at the top, while the people at the bottom were busy looking for their next meal.

The Tang dynasty was a time of deep thinking and big dreams. Whether people were looking at old books or looking at the moon, they were looking for a way to understand their life. This love for learning helped the Tang dynasty become one of the greatest times in history. But we must also remember that every great idea has a cost. The beautiful poems and the large temples were made possible by the quiet hard work of everyone else. The Tang dynasty was a world of light, but that light always left a shadow on the ground.

Chapter 7:
Art and Culture

The Tang dynasty was a time when art and culture were important. During this period, people believed that being a writer or a painter was as respected as being a soldier. In the Tang dynasty, many people loved poems. There was a saying that if you could not write a poem, you could not be an official. People in the markets or monks in the temples also wrote poems about their lives. There are thousands of poems from the Tang dynasty that people still read today. These poems show us how people felt about nature, their friends, and their homes.

Two poets were famous above all others. Their names were Li Bai and Du Fu. Li Bai was a man who loved freedom and nature. He traveled across China with his sword and his books. He wrote about the moon, the high mountains, and the deep rivers. People said his poems were beautiful, like they had a kind of power. When Li Bai looked at the moon, he felt it was his friend. He once wrote a famous poem about looking at the moon and thinking of his home. Even children in China today learn this poem when they are young. Li Bai's poems make people feel happy, like they are flying in the sky. He did not care about money; he only cared about the beauty of the world. However, many farmers who could not read never knew his name. For them, the moon was just a light that told them it was time to sleep after a long day of hard work.

Du Fu was different from Li Bai. He lived during a time of war and trouble. His poems were about the real lives of people and the pain they felt. Du Fu lived in a small house made of grass, and often he did not have enough food. He cared about the poor people who had no homes because of the fighting. He wrote about the cold winters and the families that were broken. Because his poems showed the true things that happened in history, people called him a "poet who wrote history." Even though his life was difficult, Du Fu never stopped writing. His poems help us understand that life in the Tang dynasty was often hard for the ordinary people.

Painting was also important. Painters used brushes and black ink to show the world around them. Many painters loved to show the people in the palace or the strong horses of the army. Others loved to paint high mountains and quiet rivers. One famous painter was Wu Daozi. People said that his paintings were so real that the birds in his pictures looked like they could fly away. But these paintings were mostly for the rich. A farmer would never see these beautiful pictures because they were kept inside the dark rooms of the palace or the large houses of officials. Art was a dream that only a few people could touch.

Music and dancing were a large part of Tang culture. In the capital city of Chang'an, you could hear music in the streets. The Tang dynasty was open to new music from other lands. Instruments from the west became popular. People loved to watch dancers move to the sound of drums. Dancers wore long clothes that looked like clouds. Even the Emperors and their wives loved to dance. This made the palace a place of light and sound. But we must remember that many dancers and musicians were not free. They were often taken from their homes and forced to perform for the rich. Their lives were full of music, but their hearts were often sad because they could not go home.

Learning about art and poems was a way for people to show they were smart. If you wanted to be an official, you had to know how to write poems. If you went to meet friends, people would hope you could talk about books. This love for art made the Tang dynasty a colorful time. It was not just about power; it was about the beauty of the mind. But this beauty had a cost. The gold used to decorate the temples and the silk used for the dancers' clothes came from the taxes paid by the farmers. While the officials were writing poems about flowers, the farmers were working in the mud to pay for those flowers.

Today, we still look at Tang dynasty art and read Tang dynasty poems. They tell us that people still feel the same things. We still love the moon, we still care about our friends, and we still look for beauty. The culture of the Tang dynasty changed China and became a gift for the world. It showed that a country is not just strong in war, but also in its dreams. But we should also remember the ordinary people who worked hard so that these dreams could live. Their names are not in the poems, but their work made the art possible.

Chapter 8: New Tools and New Ideas

The Tang dynasty was not just a time for poems; it was also a time of new ideas and tools. The people were smart and loved to find new ways to solve problems. Some of their discoveries changed the world forever. They found ways to make books faster and travel easier. They even found something by accident that changed how wars were fought. These tools made the country strong, but they also brought new challenges to the people.

One famous thing from this time was a new way to make books. Before the Tang dynasty, if you wanted a book, someone had to write every word by hand. This took a long time and books were expensive. Only rich people could buy them. In the Tang dynasty, workers learned how to cut words onto large pieces of wood. This was called woodblock printing. Workers had to sit for many hours, carefully carving each word. If they made one mistake, the whole piece of wood was ruined. They would put ink on the wood and press paper onto it. Although block printing remained expensive, it was faster and more accurate than manual copying. This allowed for the production of a greater number of books, making it easier for people to find and read them.

However, the government also used this new tool to control what people read. They only printed the books they liked. While a boy in a small village could now hold a book, he could only read the ideas that the government allowed. Knowledge was moving faster, but it was also being watched more closely by those in power.

Another discovery happened in the rooms of people who wanted to live forever. These people, usually Daoist priests, mixed different things like salt and charcoal to find a magic medicine. One day, there was a large fire and a loud noise. They had found gunpowder by accident! At first, they used it for beautiful fireworks. People loved to watch the bright lights in the night sky. But later, the government saw that this "medicine" could be used for war. They made small bombs to throw at their enemies. This discovery started as a dream of living forever, but it became a tool that brought death to many people on the battlefield.

The Tang dynasty was also a time of great builders. They built long bridges and water systems. One famous system was Dujiangyan. It was used to control water and help farmers grow more rice. This made it easier for many families to have enough food to eat. These systems were made so well that they are still used today! But building these projects required thousands of workers. Many of these men were forced to leave their homes and work for no money. They carried heavy stones in the sun and rain. The beautiful works we see today were built on the sweat and pain of these ordinary workers.

Looking at the stars was also important. Tang thinkers looked at the stars and the sun carefully. One monk named Yi Xing was smart. He traveled to many places to see how the earth looked. He helped make a complex machine, a water clock tower, that used water to show the time. This was the first clock to use water for power, then used that power to run a machine which told the time. It also had parts that moved with the stars. It showed that the people knew how nature and tools work together. But for most people, the stars were still a mystery. They used the stars to pray for good weather because they were afraid of hunger. While the thinkers looked at the sky to understand science, the farmers looked at the sky and hoped for rain.

They also made new tools for farmers. One important tool was a new iron plow with a curved beam. Because it was curved and light, it was much easier for a farmer and one cow to turn in the fields. This allowed farmers to work faster and plant more seeds. They also used large wheels moved by water to bring water into the fields. Because they had more food, the number of people grew fast.

Tea was another important thing. A man named Lu Yu wrote a book about tea. He told people how to grow tea and how to make the best water. He believed that tea could make a person's mind calm. Tea became a large part of life for everyone, from the rich in the palace to the poor in the villages. Selling tea became a large business that brought money to the country. But the people who picked the tea leaves in the high mountains had a hard life. They had to climb dangerous paths and work in the cold wind to collect the leaves that the rich people enjoyed in their quiet gardens.

Today, we use many things that started in the Tang dynasty. Every time we read a book, watch fireworks, or drink tea, we use the ideas of people from long ago. These things show that when people want to learn, they can do amazing things. They were not afraid to try new things. But we should also remember that these tools changed the world in ways that were not always easy. The golden age was a time of discovery, but it was also a time when the lives of ordinary people were changed by these powerful new tools in ways they could not control.

Chapter 9:
Tang China and the World

The Tang dynasty was like a massive door that stood open to the whole world. People were not afraid of different cultures; they were excited to meet new people and learn new things. This made the Tang dynasty a center for many countries at that time. Thousands of people traveled across dangerous lands to reach China. Some came to buy and sell goods, while others came to study or find a better life. This time of meeting new people made the Tang dynasty powerful, but it also brought many difficult challenges to the borders.

The most important road for these travelers was the Silk Road. It was a long path that connected China to the west, but it was not a safe road. Merchants used camels to carry silk, tea, and beautiful dishes. The camels and their leaders had to walk for many months across hot sand and high mountains where the wind was like a knife. Many travelers got lost in the sand or died from the cold. On their way back, the merchants brought horses, glass, and new kinds of food like grapes and onions. The Silk Road was not just for selling things; it was a road for ideas. It was how Buddhism came to China and how Chinese tools reached other lands. Along the road, there were small cities where you could hear different languages and see people wearing many kinds of clothes.

In the capital city of Chang'an, you could find people from everywhere. There were students from Japan and Korea, merchants from Persia, and monks from India. Some people had blue eyes and some had dark hair. The Tang government welcomed these people and allowed foreigners to work there if they were smart. This made Chang'an a colorful city. You could eat food from the west and listen to music from the south. The Emperor was proud of this city and believed a great country should be like a big family. But for the foreigners living there, life could be hard. They were far from their homes, and if a war started at the border, people might look at them with fear or anger.

However, being a world power meant there were constant fights at the borders. The Tang dynasty had a strong army, but keeping it ready cost a lot of money and many lives. For a long time, they were the strongest force in Asia. But as they moved further west, they met another powerful group called the Abbasids. Both groups wanted to control the middle of Asia. In the year 751, they met in a massive battle at the Talas River. This was a dark and painful time for the soldiers. Thousands of men fought for many days under a sun that was too hot to bear.

The Battle of Talas ended in a sad way for the Tang army. During the fight, some groups who had promised to help the Tang side suddenly changed their minds and joined the enemy. This made the Tang army lose the battle. Many Chinese soldiers were taken away as prisoners to far-off lands. Among these prisoners were workers who knew how to make paper. Before this, only people in China knew this secret. Because of these workers, the way to make paper reached the west and later changed the whole world. Even though the army lost the fight, the ideas of China continued to move. But for the soldiers who never came home, "world power" meant only a lonely death far from their families.

There were also other troubles in the north and west. Many groups wanted to take the rich lands of the Tang. The government had to spend more money and keep more soldiers at the borders to stay safe. Sometimes they gave expensive gifts like silk and gold to leaders of other countries. This cost the farmers a lot of work because they had to pay more taxes for these gifts. The Tang rulers wanted peace so that the markets could stay open, but this peace was expensive. They believed that talking was better than fighting, but talking with gold and silk made the country's pocket empty.

The story of Tang and the world shows that a great country is not just one that wins wars. It is a country that can share its new things. The Tang dynasty was a bridge between the east and the west. People still remember it as a time when the world felt small. But we must also remember the cost of being a bridge. It meant years of war at the borders and heavy work for the people at home. The ideas that were shared never went away, but the people who carried those ideas often suffered in the wind and the sand.

The many people who walked the Silk Road and the soldiers who died at the borders helped to make the Tang dynasty what it was. It was a time of big dreams, but those dreams required a lot of gold and blood. As the years went by, the costs of the wars and the troubles inside the palace began to grow too large. The money was running out, and people were becoming tired and unhappy. The giant door that had been open for so long was beginning to feel heavy.

In the next chapter, we will see how these heavy problems finally led to the end of this golden age.

Chapter 10:
The End of a Golden Age

For a long time, the Tang dynasty was the strongest and most beautiful country in the world. But as the years went by, things began to change. In the palace, the later Emperors began to care more about having fun and less about working hard. One of these Emperors was Xuanzong. At the beginning, he was a good leader who chose smart officials. Under his rule, the Tang dynasty was at its highest point. But as he grew older, he spent more time with a woman named Yang Guifei. He stopped listening to the truth. He gave power to her family and other people who were not good for the country. This made the government weak and many people became unhappy.

Inside the government, people began to fight for power. The army at the borders was becoming too powerful, and the generals did not want to listen to the Emperor anymore. One of these leaders was a man named An Lushan. He had a massive army in the north. He saw that the Emperor was not paying attention to the country. In the year 755, An Lushan led his army to attack the center of the country. This was the start of the An Shi Rebellion, a long and painful war that would change China forever.

The war was sad and lasted for eight years. The army of An Lushan took the capital city of Chang'an. The streets that were once full of music were now full of fire and crying. Emperor Xuanzong had to flee to the cold mountains in the west. During this long walk, his soldiers became angry. They were hungry and tired, and they believed that Yang Guifei's family was the reason for all the trouble. They told the Emperor, "If Yang Guifei stays alive, we will not fight for you." The Emperor was in deep pain, but he was afraid for his own life. He had to say goodbye to the woman he loved so he could save his throne. This story is famous, but it shows that even an Emperor could become a prisoner of his own mistakes.

Although the Tang army finally won the war, the nation was never the same again. The government ran out of funds, and many farmers were unable to grow enough food. Due to the long war, many villages were destroyed, forcing people to leave their homes in search of safety. The water systems for the farmland were broken, and there was no one to fix them. The "Golden Age" was over. The emperors who came after Xuanzong tried to fix the nation, but local leaders across different regions of China began to act like small kings. They kept tax revenues for themselves and ignored orders from the capital.

In the years that followed, there were more problems. There were many years with no rain, and the farmers became hungry and desperate. When people have no hope, they start to fight. In the year 874, a man named Huang Chao led a large group of angry people to start a new war. They took many cities and brought more pain to the ordinary people. The Tang government was now so weak that it was like a dead tree waiting to fall. The great walls of Chang'an were now broken and old. The markets were empty, and most people had left their homes to find safety elsewhere.

Finally, in the year 907, the Tang dynasty officially came to an end. A general named Zhu Wen took the throne, and the Tang family lost all power. China became many small pieces once again, and there was much fighting for many years. But even though the dynasty was gone, the things it had given to the world did not die.

The poems of Li Bai and Du Fu were still read by everyone. The new ways to print books and the ideas of Buddhism stayed with the people. The memory of the Tang dynasty lived on as a dream of a great and open world.

The story of the Tang dynasty teaches us that even the greatest times can end if the leaders stop caring for the people. It reminds us that power and gold do not last forever. But it also teaches us that beautiful art and great ideas can live through the darkest times. The Tang dynasty was more than a family of kings; it was a light that showed what humans can do when they work together. Today, when people look back at ancient China, they still see the Tang dynasty as a time of big dreams. It is a spirit that people will never forget, even though the palaces have turned to dust. The heart of Tang is still alive in the words and the art we see today.

Glossary of Proper Nouns

These are all the names of people, places and events used in this book.

Chinese	Pinyin	English
阿拔斯	Ābásī	Abbasid (Caliphate)
安禄山	Ān Lùshān	An Lushan (rebel general)
安史之乱	Ān Shǐ zhī Luàn	An-Shi Rebellion (755–763 AD)
波斯	Bōsī	Persia
长安	Cháng'ān	Chang'an (city, capital of Tang Dynasty)
怛罗斯	Dáluósī	Talas (site of the Battle of Talas, 751 AD)
大食	Dàshí	Dashi (Arabic/Abbasid Caliphate)
大兴城	Dàxīng Chéng	Daxing (city, renamed Chang'an by the Tang, modern name is Xi'an)
东市	Dōngshì	East Market (in Chang'an)
杜甫	Dù Fǔ	Du Fu (Tang poet)
都江堰	Dūjiāngyàn	Dujiangyan (ancient irrigation system)
韩国	Hánguó	Korea
黄巢	Huáng Cháo	Huang Chao (rebel leader)
孔子	Kǒngzǐ	Confucius (philosopher)
李白	Lǐ Bái	Li Bai (Tang poet)
李世民	Lǐ Shìmín	Li Shimin (Emperor Taizong)
李渊	Lǐ Yuān	Li Yuan (founder of Tang Dynasty)
陆羽	Lù Yǔ	Lu Yu (author of The Classic of Tea)
那烂陀	Nàlàntuó	Nalanda (famous Buddhist university in India)
日本	Rìběn	Japan
僧一行	Sēng Yīxíng	Monk Yixing (Tang astronomer)
隋炀帝	Suí Yángdì	Emperor Yang of Sui
隋朝	Suícháo	Sui Dynasty

太原	Tàiyuán	Taiyuan (city in northern China)
唐高祖	Táng Gāozǔ	Emperor Gaozu of Tang (Li Yuan)
唐太宗	Táng Tàizōng	Emperor Taizong of Tang (Li Shimin)
唐玄宗	Táng Xuánzōng	Emperor Xuanzong of Tang
唐朝	Tángcháo	Tang Dynasty
天可汗	Tiān Kèhán	The Heavenly Khan (title of Taizong)
魏征	Wèi Zhēng	Wei Zheng (Tang advisor)
吴道子	Wú Dàozǐ	Wu Daozi (Tang painter)
西游记	Xī Yóu Jì	Journey to the West (novel written during Ming dynasty)
西安	Xī'ān	Xi'an (city, modern name of Tang capital)
西市	Xīshì	West Market (in Chang'an)
玄武门之变	Xuánwǔmén zhī Biàn	Xuanwu Gate Incident (626 AD coup)
玄奘	Xuánzàng	Xuanzang (Buddhist monk/pilgrim)
杨贵妃	Yáng Guìfēi	Yang Guifei (imperial consort)
印度	Yìndù	India
贞观之治	Zhēnguān zhī Zhì	Reign of Zhenguan (era of Tang Taizong)
中国	Zhōngguó	China
朱温	Zhū Wēn	Zhu Wen (general who ended Tang Dynasty)

Glossary of General Vocabulary

These are all the Chinese words, other than proper nouns, used in this book.

Chinese	Pinyin	English
爱	ài	love
安(静)	ān (jìng)	quiet, peaceful
安全	ānquán	safety
把	bǎ	to hold, to guard, a bundle
白	bái	white
百	bǎi	hundred
办法	bànfǎ	method
帮(助)	bāng (zhù)	to help
保	bǎo	to protect, guard
宝贝	bǎobèi	treasure, baby
保持	bǎochí	to maintain
保护	bǎohù	to protect
保证	bǎozhèng	to ensure
被	bèi	(particle before passive verb)
本	běn	original, (measure word for books)
比	bǐ	compared to
笔	bǐ	pen, brush; stroke
边	biān	side
变(成)	biàn (chéng)	to change, to become
变 (化)	biàn (huà)	to change
边境	biānjìng	border
别	bié	do not, other
兵	bīng	soldier
冰	bīng	ice
并(且)	bìng (qiě)	and; moreover; actually

必须	bìxū	must, have to
不	bù	not, no
不愿	bú yuàn	unwilling, reluctant
不得不	bùdébù	have no choice but to, must
不仅	bùjǐn	not only
采	cǎi	to pick, gather, harvest
才(能)	cái (néng)	can only, talent
草	cǎo	grass, straw
茶	chá	tea
长	cháng	long
长生不老	cháng shēng bù lǎo	immortality (long life no die)
长期	chángqī	long-term, long period
朝廷	cháotíng	royal court
城(市)	chéng (shì)	city
成(为)	chéng (wéi)	to become
成功	chénggōng	success; to succeed
城镇	chéngzhèn	town
充	chōng	full; to fill
从	cóng	from
从不	cóng bù	never
从来	cónglái	always, from the beginning
聪明	cōngming	clever
从未	cóngwèi	never up to now
村庄	cūnzhuāng	village
村子	cūnzi	village
错	cuò	wrong
大	dà	big,, great
打	dǎ	to hit, to play
打败	dǎbài	to defeat
大多数人	dàduōshù rén	most people

代价	dàijià	cost (of a sacrifice)
大家	dàjiā	everyone
打开	dǎkāi	to open
大量	dàliàng	large amount, a lot
大米	dàmǐ	rice (uncooked)
当	dāng	when
当兵	dāngbīng	to serve as a soldier
担心	dānxīn	to worry, be concerned
道	dào	path, way, Dao, to say, (measure word for lines, orders)
道教	Dàojiào	Daoism
答应	dāying	to agree, promise; to answer
打仗	dǎzhàng	to fight a war, go to war
大自然	dàzìrán	nature, the natural world
得	de	(particle showing degree or possibility)
地	de/dì	adverbial particle (de); ground, earth (dì)
得到	dédào	to get
等	děng	to wait
帝	dì	emperor
第	dì	(prefix before a number)
低	dī	low
点	diǎn	point, hour, to touch with finger, a tiny bit
掉	diào	to fall, to drop, to lose, (express completion, fulfillment, removal, etc.)
雕版印刷	diāobǎn yìnshuā	woodblock printing
地方	dìfang	location, place
地面	dìmiàn	ground, floor, surface
地球	dìqiú	earth
动	dòng	to move
东	dōng	east

东方	dōngfāng	the East, eastern direction
冬天	dōngtiān	winter
都	dōu	all, both
独	dú	alone, only, single
读	dú	to read
度	dù	to spend
段	duàn	(measure word for sections)
对	duì	correct, towards someone or something, pair
对他们来说	duì tāmen lái shuō	for them, as far as they are concerned
对于	duìyú	regarding, with respect to
多	duō	many
而	ér	and, but
二	èr	two
而且	érqiě	and
儿子	érzi	son
法	fǎ	law, method, way
发	fā	to send out, emit, develop
法律	fǎlǜ	law, laws
发明	fāmíng	to invent
饭	fàn	cooked rice; meal
放	fàng	to put, to let out
方	fāng	direction; square; method
坊	fāng	ward, neighborhood district (Tang administrative unit)
方法	fāngfǎ	method
放弃	fàngqì	to give up, surrender
方式	fāngshì	way, manner, mode
发生	fāshēng	to happen
发现	fāxiàn	to find out

发展	fāzhǎn	to develop; development
非常	fēicháng	very
分	fēn	to divide; minute
分给	fēn gěi	to distribute to, give out to
风	fēng	wind
丰富	fēngfù	rich, abundant, plentiful
分享	fēnxiǎng	to share
付出	fùchū	to pay, effort made
俘虏	fúlǔ	prisoner of war, captive
父母	fùmǔ	parents
父亲	fùqīn	father
富有	fùyǒu	wealthy
改(变)	gǎi (biàn)	to change
感(到)	gǎn (dào)	to feel
感觉	gǎnjué	feeling, sense; to feel
高	gāo	high, tall
告诉	gàosu	to tell
个	gè	(measure word, generic)
各地	gèdì	various places, everywhere
哥哥	gēge	older brother
给	gěi	to give
跟	gēn	with, to follow
根	gēn	root, (measure word for long thin things)
根本	gēnběn	fundamental, basic; at all
更	gèng	more, even more
供	gōng	to supply, provide; to offer (sacrifice)
工程	gōngchéng	engineering project, construction
工具	gōngjù	tool
工人	gōngrén	worker, laborer
供水系统	gōngshuǐ xìtǒng	water supply system, irrigation system

工作	gōngzuò	work
鼓	gǔ	drum
关(闭)	guān (bì)	to turn off, to close, to lock up
光	guāng	light
关上	guānshàng	to close, shut
关心	guānxīn	to care about, show concern for
关于	guānyú	about, regarding, concerning
官员	guānyuán	official, government officer
过	guò	to pass, (after verb to indicate past tense)
国(家)	guó (jiā)	country
果(子)	guǒ (zi)	fruit
国内	guónèi	within the country, domestic
过去	guòqù	past; to go over
国王	guówáng	king
故事	gùshi	story
骨头	gǔtou	bone
还	hái	still, yet, also
害怕	hàipà	fear, scared
还是	háishi	still is
汗	hàn	sweat; Khan (title)
好	hǎo	good
和	hé	and; with
何	hé	which, what, how, why (literary)
河	hé	river
黑	hēi	black
很	hěn	very
很多	hěn duō	many, a lot of
和平	hépíng	peace
和尚	héshang	Buddhist monk
宏大	hóngdà	grand, magnificent, grand-scale

后	hòu	after, back, behind
后来	hòulái	later, afterward, then
喉咙	hóulong	throat
化	huà	to melt
画	huà	to paint, painting
话	huà	words, speech
花	huā	flower
花费	huāfèi	to spend; expenditure
坏	huài	bad; broken
画家	huàjiā	painter
皇帝	huángdì	emperor
荒废	huāngfèi	to leave uncultivated; to waste, neglect
皇宫	huánggōng	imperial palace
欢迎	huānyíng	to welcome; welcome
胡饼	húbǐng	flatbread
回	huí	to return, (measure word for times)
回来	huílái	to come back
回去	huíqù	to go back
混乱	hùnluàn	chaos, disorder, confusion
活	huó	to live; alive
或	huò	or
火	huǒ	fire
火药	huǒyào	gunpowder
活着	huózhe	to be alive, living
互相	hùxiāng	mutually, each other
几	jǐ	several
家	jiā	family, home, one who does (-er, -ian, -ist)
加	jiā	plus, to add
建	jiàn	to build, construct, establish
见(面)	jiàn (miàn)	to see, to meet

坚持	jiānchí	to insist
简单	jiǎndān	straightforward
建立	jiànlì	to establish
建造	jiànzào	to build
建筑	jiànzhù	building, architecture; to construct
交	jiāo	to hand over, to intersect
教	jiāo/jiào	to teach (jiāo); religion, teaching (jiào)
骄傲	jiāo'ào	proud, arrogant; pride
教导	jiàodǎo	to instruct, guide, teach
教训	jiàoxùn	lesson learned; to lecture
教育	jiàoyù	to educate
家人	jiārén	family members
家庭	jiātíng	family
家乡	jiāxiāng	hometown, native place
家园	jiāyuán	home, homeland
基础	jīchǔ	foundation, basis
记得	jìde	to remember
结	jié	to tie; to end; fruit
解	jiě	to untie, solve, explain
接	jiē	to receive, accept; to connect
街道	jiēdào	street
节日	jiérì	festival, holiday
接受	jiēshòu	to accept
结束	jiéshù	to finish
接下来	jiēxiàlái	next
计划	jìhuà	to plan
机会	jīhuì	opportunity
进	jìn	to enter, advance
金(子)	jīn (zi)	gold
经	jīng	scripture, holy book

经常	jīngcháng	often
经过	jīngguò	to pass through, after
进攻	jìngōng	to attack
精神	jīngshén	spirit, mind; spiritual; energy
仅仅	jǐnjǐn	merely, only, just
进入	jìnrù	to enter
进行	jìnxíng	to carry out, conduct, proceed
机器	jīqì	machine, machinery
就	jiù	just, right now
旧	jiù	old, worn
记忆	jìyì	to remember
记住	jìzhù	to memorize
觉得	juéde	to feel
决定	juédìng	to decide
开	kāi	open
开放	kāifàng	open; to open up
开始	kāishǐ	to begin
开凿	kāizáo	to dig
看	kàn	to look, to read
靠	kào	to depend on, to lean on
刻	kè	to carve
可能	kěnéng	maybe
可以	kěyǐ	can, may
克制	kèzhì	to control, restrain oneself
空	kōng/kòng	empty, hollow (kōng); free time (kòng)
控制	kòngzhì	to control
口	kǒu	mouth, (measure word for people in villages, families)
苦	kǔ	bitter; miserable
哭	kū	to cry

快	kuài	fast
宽	kuān	wide
困	kùn	to trap, sleepy
困难	kùnnan	difficult
来	lái	to come
老	lǎo	old
劳动	láodòng	labor, work; to labor
老师	lǎoshī	teacher
了	le/liǎo	(indicates completion)
冷	lěng	cold
冷酷	lěngkù	cold-hearted, ruthless
离	lí	to leave
力	lì	force
里	lǐ	inside
连	lián	even, to connect
量	liàng	quantity
两	liǎng	two, Chinese ounce
粮食	liángshi	grain, food crops
了不起	liǎobuqǐ	remarkable
了解	liǎojiě	to understand
离开	líkāi	to leave
力量	lìliàng	strength
领导	lǐngdǎo	to lead; leader; leadership
领导者	lǐngdǎozhě	leader
历史	lìshǐ	history
留	liú	to stay
流	liú	to flow, to leak, to drain
六	liù	six
礼物	lǐwù	gift
利用	lìyòng	to use

路	lù	road
论	lùn	to discuss; theory, view
路上	lùshàng	on the road, along the way
马	mǎ	horse
卖	mài	to sell
买	mǎi	to buy
马球	mǎqiú	polo (sport)
马上	mǎshàng	immediately, right away
每	měi	every
美(丽)	měi (lì)	beautiful
没(有)	méi (yǒu)	no, have not
门	mén	gate
梦	mèng	dream
面	miàn	face; surface; noodles
面包	miànbāo	bread
明	míng	bright; clear; next (as in next day)
命	mìng	life; fate; order, command
命令	mìnglìng	command
魔鬼	móguǐ	devil, demon
墨水	mòshuǐ	ink
木	mù	wood
目标	mùbiāo	goal, target, aim
拿	ná	to take, to pick up
那	nà	that
那里	nàlǐ	there
那么	nàme	so then
男	nán	male
难	nán	difficult, hard
那时	nàshí	at that time, then
那些	nàxiē	those

内	nèi	inside, inner
内部	nèibù	interior, inside, internal
能	néng	can
年	nián	year
年份	niánfèn	year (a specific year)
年纪变大	niánjì biàn dà	to grow older, to age
年轻	niánqīng	young
宁	nìng	would rather; peaceful
牛	niú	ox, cow, bull
弄	nòng	to do, to make, to handle
农民	nóngmín	farmer, peasant
农田	nóngtián	farmland, fields
女	nǚ	female
努力	nǔlì	to work hard; diligent, hard-working
派	pài	to send, dispatch
派去	pài qù	to send (someone) to
平	píng	flat
平安	píng'ān	peaceful
破	pò	to break, broken (cracks or holes)
破碎	pòsuì	broken, shattered
普遍	pǔbiàn	common
普通	pǔtōng	ordinary
其	qí	its, their; other
起	qǐ	to rise, start, from, to get up
钱	qián	money
前	qián	in front, before
千	qiān	thousand
墙	qiáng	wall
强	qiáng	strong, powerful
强迫	qiǎngpò	to force, compel

前面	qiánmiàn	in front, ahead
桥	qiáo	bridge
起初	qǐchū	at first, initially
祈祷	qídǎo	to pray
且	qiě	and; for the time being
奇怪	qíguài	strange, odd, unusual
请	qǐng	please
轻	qīng	lightly
清晨	qīngchén	early morning, dawn
穷	qióng	poor (having no money)
其他	qítā	other
囚犯	qiúfàn	prisoner
去	qù	to go
全(部)	quán (bù)	all, entire
权力	quánlì	power, authority
确	què	certain, sure; solid
然	rán	so, thus; correct
然而	rán'ér	however
让	ràng	to let, to cause
然后	ránhòu	then
热	rè	heat, hot
热爱	rè'ài	to adore
人	rén	person, people
热闹	rènao	lively
仁慈	réncí	kind, merciful, benevolent
仍然	réngrán	still, yet
人力	rénlì	manpower, human labor
人民	rénmín	the people (of a country)
人数	rénshù	number of people
日(子)	rì (zi)	day, days of life

日常生活	rìcháng shēnghuó	daily life, everyday life
容易	róngyì	easy
如	rú	like, as if; if
入	rù	to enter
如果	rúguǒ	if
如何	rúhé	how, in what way
三	sān	three
色	sè	color; look
杀	shā	to kill
沙漠	shāmò	desert
山	shān	mountain, hill
上	shàng	up, above, on; to go up
伤	shāng	injury; to injure; to grieve
商人	shāngrén	merchant, trader, businessman
深	shēn	late, deep
生(活)	shēng (huó)	to give birth, to grow out, life
生病	shēngbìng	sick
生活	shēnghuó	life
胜利	shènglì	victory
生命	shēngmìng	life
生气	shēngqì	angry
生意	shēngyi	business, trade
甚至	shènzhì	even
社区	shèqū	community, neighborhood
世	shì	lifetime
是	shì	is, are, yes, correct
失	shī	to lose; to fail
诗	shī	poetry
时(候)	shí (hou)	time, moment, period
事(情)	shì (qing)	thing, matter

试(着)	shì (zhe)	to taste, to try
失败	shībài	failure
士兵	shìbīng	soldier
市场	shìchǎng	market
时代	shídài	era, age, period
时机	shíjī	opportunity, the right moment
时间	shíjiān	time, period
世界	shìjiè	world
时期	shíqī	period, phase, stage
失去	shīqù	to lose
事物	shìwù	thing, object; matters
手	shǒu	hand
首都	shǒudū	capital city
收集	shōují	to collect, gather
手艺人	shǒuyì rén	craftsman, artisan
书	shū	book
书本	shūběn	books, books and texts
水	shuǐ	water
水车	shuǐchē	water wheel
水袋	shuǐdài	water bag, canteen
水路	shuǐlù	waterway, water route
说(话)	shuō (huà)	to say
说明	shuōmíng	to explain
四	sì	four
死	sǐ	to die
丝(绸)	sī (chóu)	silk cloth
死亡	sǐwáng	death
思想	sīxiǎng	thought, ideology, philosophy
思想家	sīxiǎngjiā	thinker, philosopher
送(给)	sòng (gěi)	to give a gift
随	suí	to follow; according to

虽然	suīrán	although
损失	sǔnshī	loss; to lose
所以	suǒyǐ	so
他	tā	he, him
她	tā	she, her
它	tā	it
台	tái	platform; measure word for machines
太	tài	too, very
太阳	tàiyáng	sun
太子	tàizǐ	crown prince
它们	tāmen	they, them (for things/animals)
特别	tèbié	special
提	tí	to carry; to mention
体	tǐ	body; system; style
田	tián	field, farmland
天	tiān	sky; heaven; day
天空	tiānkōng	sky
天气	tiānqì	weather
条	tiáo	(measure word for long, narrow, flexible things)
铁犁	tiělí	iron plow
听	tīng	to listen
听从	tīngcóng	to obey, follow orders
听到	tīngdào	to hear
停止	tíngzhǐ	to stop, cease
同	tóng	same; together; with
痛苦	tòngkǔ	pain, suffering; painful
同时	tóngshí	at the same time, simultaneously
统一	tǒngyī	to unify; unified, united
统治	tǒngzhì	to rule, govern; rule

统治者	tǒngzhìzhě	ruler, governor
头	tóu	head, (measure word for animal with big head)
土地	tǔdì	land
突然	tūrán	suddenly
万	wàn	ten thousand; very many
忘(记)	wàng (jì)	to forget
危	wēi	danger; dangerous; high
卫兵	wèibīng	guard, bodyguard
伟大	wěidà	great
伟大的时代	wěidà de shídài	great era, magnificent age
问	wèn	to ask
稳	wěn	steady
文化	wénhuà	culture, civilization
问题	wèntí	problem, question
文字	wénzì	written characters, script, writing
我	wǒ	I, me
物	wù	thing, object; matter
舞蹈	wǔdǎo	dance
无法	wúfǎ	unable to, cannot
无论	wúlùn	regardless of
舞者	wǔzhě	dancer
西	xī	west
下	xià	down, under
下面	xiàmiàn	underneath
先	xiān	first
向	xiàng	toward
想	xiǎng	to want, to miss, to think of
相	xiāng	mutually, appearance of human face
相处	xiāngchǔ	to get along with, coexist

相信	xiāngxìn	to believe, trust
小	xiǎo	small, little, young
消	xiāo	to disappear; to eliminate; to spend
小麦	xiǎomài	wheat
小时	xiǎoshí	hour
写	xiě	to write
些	xiē	some
新	xīn	new
心	xīn	heart; mind
新的未来	xīn de wèilái	new future
行	xíng/háng	to walk, travel (xíng); row, profession (háng)
兴	xīng/xìng	to rise, flourish (xīng); interest, mood (xìng)
星星	xīngxing	star
信任	xìnrèn	to trust; trust
信仰	xìnyǎng	belief, faith
兄弟	xiōngdì	brother(s)
系统	xìtǒng	system
希望	xīwàng	to hope
许多	xǔduō	many
学	xué	to study, learn
雪	xuě	snow
学(习)	xué (xí)	to study, to learn
学生	xuésheng	student
学校	xuéxiào	school
寻找	xúnzhǎo	to look for, seek, search
需要	xūyào	to need; need
眼(睛)	yǎn (jīng)	eye
样(子)	yàng (zi)	appearance
颜色	yánsè	color
要	yào	to want

叶	yè	leaves
也	yě	also
也许	yěxǔ	perhaps, maybe
以	yǐ	by
一	yī	one
一辈子	yí bèizi	a lifetime, all one's life
一场	yì chǎng	one (event/battle/match)
一大	yí dà	a large (amount/part)
一道	yí dào	one (beam of light); together
一个人	yí gè rén	alone, one person
一位	yí wèi	one (person, polite measure word)
一种方式	yì zhǒng fāngshì	one way, a kind of method
一座	yí zuò	one (building/mountain)
以后	yǐhòu	after, late, in the future
以及	yǐjí	as well as
已经	yǐjīng	already
义军	yìjūn	righteous army, rebel force for justice
印	yìn	to print (a book)
迎	yíng	to welcome; to face, go toward
影(子)	yǐng (zi)	shadow
印刷	yìnshuā	to print
因为	yīnwèi	because
音乐	yīnyuè	music
音乐家	yīnyuèjiā	musician
一起	yìqǐ	together
以前	yǐqián	before
一切	yíqiè	everything, all
依然	yīrán	still, as before, as usual
意识到	yìshí dào	to realize, become aware of
一样	yíyàng	same

用	yòng	to use
勇	yǒng	courage
勇敢	yǒnggǎn	brave, courageous
又	yòu	again; also
有	yǒu	to have
有名	yǒumíng	famous
有时	yǒushí	sometimes
于	yú	in, at, to, from (literary)
远	yuǎn	far
远方	yuǎnfāng	distant place, far away
越	yuè	to exceed, to cross
月	yuè	month, moon
越来越	yuèláiyuè	more and more
运	yùn	to transport; luck, fate
运河	yùnhé	canal
杂	zá	mixed, miscellaneous
在	zài	at, in
再	zài	again
早	zǎo	early
早上	zǎoshang	morning
造纸	zàozhǐ	papermaking, to make paper
增长	zēngzhǎng	to increase, grow; growth
怎么	zěnme	how?
战(争)	zhàn (zhēng)	war
战斗	zhàndòu	battle, combat; to fight
占领	zhànlǐng	to occupy, capture, seize
这	zhè	this
着	zhe/zháo	(indicates action in progress)
这个	zhège	this one
这么	zhème	so

真	zhēn	real, true
真的	zhēn de	really!
正	zhèng	correct, just
正在	zhèngzài	(-ing)
真相	zhēnxiàng	the truth
这样	zhèyàng	such
直	zhí	straight
之	zhī	of, it/him/her, (verb complement)
知(道)	zhī (dào)	to know
只	zhǐ/zhī	only, just (zhǐ); (measure word for animals (zhī))
直到	zhídào	until, up to, as late as
之后	zhīhòu	after, later
指挥	zhǐhuī	to command
指挥官	zhǐhuīguān	commander
之间	zhījiān	between
之前	zhīqián	before, prior to
只是	zhǐshì	only, just, merely
知识	zhīshi	knowledge
只要	zhǐyào	as long as
只有	zhǐyǒu	only
制造	zhìzào	to create
制作	zhìzuò	to make, manufacture, produce
重	zhòng	heavy, hard
中	zhōng	in, middle, center, among
终	zhōng	end; finally, eventually
种地	zhòng dì	to farm
种粮	zhòng liáng	to grow grain
种	zhòng/zhǒng	to plant, grow (zhòng); kind, type (zhǒng)
忠诚	zhōngchéng	loyalty
中心	zhōngxīn	center, core

重要	zhòngyào	important
终于	zhōngyú	eventually
重镇	zhòngzhèn	strategic town
周围	zhōuwéi	surrounding
住	zhù	to live, to hold, (verb complement)
主	zhǔ	master, main; to host
追随者	zhuīsuízhě	follower, supporter
自	zì	self; from; since
子	zǐ	child
自己	zìjǐ	oneself
自然	zìrán	nature
仔细	zǐxì	careful
自由	zìyóu	freedom
宗教	zōngjiào	religion
总是	zǒngshì	always
走	zǒu	to go, to walk
足够	zúgòu	enough, sufficient
最	zuì	most
最后	zuìhòu	last
尊	zūn	(measure word for gods, goddesses, statues, cannons)
尊(敬)	zūn (jìng)	respect
尊重	zūnzhòng	to respect, regard; respect
做	zuò	to do, make
坐	zuò	to sit
做出	zuòchū	to make, produce, come up with
作家	zuòjiā	writer, author

About the Author

Lawrence Wang is a marketing leader, science writer, translator, and influential blogger with a global perspective. He has held senior management roles at several Fortune 500 multinational companies, leading marketing, e-commerce, and digital innovation initiatives. In addition to his corporate experience, Wang is a serial entrepreneur who has  successfully launched ventures across media, education, and technology sectors.

As a regular contributor to China's largest youth science magazine, Wang shares engaging stories on science, technology, and society with young audiences. He has also been deeply involved in translation and knowledge sharing, organizing multiple TEDx events to promote cross-cultural communication and inspire public dialogue.

Beyond writing and marketing, Wang is a passionate content creator and photographer. His work has been featured by leading platforms such as Apple and TED, and he has built a large and loyal following across social media. Throughout his career, Wang remains committed to fostering creativity, education, and meaningful connections across cultures.